行基と道鏡

根本 誠二著

高志書院刊

まえがき

奈良時代、ことに天平時代の平城京の周辺には、いわゆる南都七大寺をはじめとして多くの寺々（これを官大寺という）が所在し、そこには多くの僧尼（これを官度僧・官僧という）が所属し、修行と法会を行う日々をすごしていた。時には、天皇・貴族層といった俗なる人々との信仰的・文化的、そして、政治的な交流と相剋の日々を送っていた。本書の題名となっている行基（六六八～七四九）と道鏡（?～七七二）は、その顕著な事例である。二人は、かたや高僧・名僧の代表格、かたや悪僧の代表格として、今日にいたるまで語り継がれている。

本書は、高僧・名僧（本書では、これを時には善僧と表記する）の典型とされている行基が、何故に善僧の代表格となったのか。一方、悪僧の典型とされている道鏡にスポットライトを当て、何故に悪僧の代表格となったのか。そして、二人の行実（本書では、行い、軌跡、生涯などと解釈した）を対照（比較検討、その背景を問う）することを主体として、解明の糸口を見いだすこととした。

行基をめぐる研究の多くが、当初から善僧であるとの前提にあって論述されている。そして、行基の行実をもって国家と仏教の関係を論ずることも多い。しかし、行基が善僧で道鏡が悪僧であるとする所以は、問われることがなかったように思う。このことにも思いをめぐらせると如何というのが本書の目論見である。

本書のもう一つの目論見は、奈良時代の政治や社会を語るには、律令制度のもとにあった藤原氏をはじめとする天皇や官僚の動向をもってするだけではなく、文化、宗教の根幹を担った奈良仏教に息づいた僧尼の動向にも注意すべきであると喚起したかった。政治史的な視点のみならず文化史的・宗教史的な視点や見地からのアプローチも重要であるということである。そのために、本書では、良弁と『日本霊異記』(以下、『霊異記』と表記する)の編者景戒と吉備真備の三人にも、本書の随所に登場願い、あたかも水先案内人やナレーターとしての役割を担っていただいた。ことに、景戒の編纂した『霊異記』の記述を随所で紹介している。

良弁と吉備真備の二人は、後述するように、長寿をもって奈良時代、ことに天平時代を生き抜き、眼前に展開していた行基と道鏡の行実を具に見続けていたという理由による。

いつものように叙述の繰り返しを行うことで、自らを納得させながらの構成となっているかもしれない。構成は、第一章では、本書の主役である行基と道鏡をとりまく僧俗の人々を紹介した。これにより、奈良時代の僧尼(特に官僧)を取り巻く宗教史的な環境について述べた。第二章・第三章では、『天平期の僧侶と天皇』、『行基伝承を歩く』、『天平期の僧と仏』などの拙著を手がかりとして、行基と道鏡の行実を紹介した。

第四章では、同時代の天皇や貴族層(官僚)との関わりを交えて、善僧と悪僧、師弟関係、天皇や官僚との関係などのテーマを設けて、行基と道鏡の行実を対照する手がかりとした。そして、善なる僧と悪なる僧の見直しを試み、本書の結論的な内容とした。あわせて行基と道鏡の行実を対照する作業を通じて、奈良仏教から平安仏教への移行についても試論した。

二人の僧の行実を対照する作業は煩雑であり、ともすると記述内容に大幅な重複があるかと思う。いかなる課題と展望が開けるかを探っている筆者の悪戦苦闘の様と心からご海容頂きたい。あえて弁解するならば、高品質な漆器を作製するには、何回となく漆を塗り重ねるという。拙著が漆器と同質であるとはいえないが、記述の繰り返しの仕組みに通ずるとご理解頂ければ幸いである。第四章は、第二章と第三章の記述をいくつかのテーマを設けて、行基と道鏡の行実を対照(対比・再検討)したものである。まさに塗り重ねである。これによって、最善の作品となることを考えて行ったこととしてご了解頂きたい。

「おわりに」では、本書の内容をトレースして、奈良仏教を担った僧尼へのパラダイム(通念や常識)を払拭することを宣言し総括を行った。こうした構成であるので、最初に第一章と第四章と「おわりに」を、その後、『霊異記』の長文引用を主とする行基と道鏡の行実を整理した、第二章・第三章の順にご一読頂くのも可とさせていただきたい。また、煩雑の印象を免れないが、史料については、可能な限り全文を引用した。関係史料を網羅し紹介するという目的で行った。先行研究については、引用させて頂いた箇所の末尾に、( )内に人名と文献名を記入した。表記は最小限にとどめたので、詳細については、末尾の参考文献一覧をご覧頂きたい。

なお、人名については、初出の箇所で( )内に、生没年及び在位期間などを記入した。なかでも孝謙天皇と称徳天皇は同一人物であり、表記については、本書では、煩雑をさけるために天平勝宝元年(七四九)七月の即位から天平宝字八年(七四六)十月までは孝謙天皇、同年以降、重祚(再び即位すること)して神護景雲四年(宝亀元年と改元・七七〇)八月までは称徳天皇と表記した。

目次

第一章　奈良時代の政治と仏教

一　平城京の官僧

㈠官僧をめぐる環境

奈良時代の寺院制度は、官大寺(以下、単に官寺と表記する)が根幹にある。律令政府は、官寺に寺田と寺封を支給し経済的な基盤を保証していた。寺田とは、支給された田地から納められる課戸の租を収入源とするもので位田・職田等と同種であり、寺封では食封の一種で、支給された封戸が納める租の半分(のちに全部となる)、調庸のすべて、封戸の成人男子である課口を労働力として動員する権利を支給されるもので、職封・位封と同種である。例えば東大寺には五〇〇〇戸の寺封と四〇〇〇町の寺田が与えられたことがあった。しかし、それらの運用をめぐって、律令政府や藤原仲麻呂(七〇六〜六四)などの官僚と対立することもあった。

経済的な基盤を保証する保護政策の一方で、官寺は天皇ないしは律令政府のために、護国法会を執行する義務を課せられ、時には諸々の統制を受けることとなった。以上が、律令政府による官寺への保護と統制である。

平城京に点在する寺々、すなわち官寺に止住する僧尼（官僧：表1参照）は、前述した官寺に課せられた機能を果たすために常日頃、教学や法会に関する修行を行うことを義務づけられた。義務や守るべき規定が、僧尼令に羅列されている。

全二七カ条に及ぶ僧尼令の条文には、おなじく宗教に関する律令の一篇目である神祇令とは異なり、刑法に相当する律と同様、条文のすべてが禁止事項であった。ことに第一条の観玄象条には、

凡そ僧尼、上づかた玄象を観、仮って災祥を説き、語国家に及び、百姓を妖惑し、并せて兵書を習ひ読み、人を殺し、奸し、盗し、及び詐りて聖道得たりと称せらば、並に法律に依りて、官司に付けて、罪を科せよ。

とあり、予言や人々を惑わす行為、国家（＝天皇）に関わることに言及したり、殺害や窃盗などの行為をなしたならば、法律、すなわち戒律（内律とも称す）ではなく、俗律の規定に従って処罰するというのである。ただ、この条文は、本来、僧尼の行動を規制するのは、戒律であるので、これをさすのではないかとの指摘もある（二葉憲香『古代佛教思想史研究』）。

例えば僧尼令准格律条には、

凡そ僧尼、犯有らむ、格律に准ふるに、徒年以上なるべくは、還俗せよ。告牒を以て徒一年に当つること許せ。若し余の罪有らば、自ら律に依りて科断せよ。如し百杖以下犯せらば、杖十毎に苦使十日せしめよ。若し罪還俗に至らざらむ、及び還俗すべしと雖も判り訖らずは、並に散禁。如し苦使の条制の外に、復罪を犯して還俗に至らざるは、三綱をして仏法に依りて事を量りて科罰せしめよ。其れ還俗し、并せて罰せらる人は、本寺の三綱及び衆事告することを得じ。若し謀大逆、謀叛、及び妖言し衆を惑はせらば、此の例に在らず。

とある。これに従うならば、重罪の場合は、まず戒律によって処罰し、それでもありあまる重罪であったならば還俗

表１　奈良の仏教者一覧

名前	出身地	宗(衆)派	生没年	役職	入唐 渡来	備考
道昭	河内	法相宗	629~700	僧	653~661	元興寺
義淵	大和	法相宗	~728	正		岡寺
神叡		法相宗	~737	律・僧律・僧律	693	元興寺・比蘇山寺
良敏		法相宗	~738	正		興福寺・義淵の弟子
道慈	大和	三論宗	~744		701~718	大安寺
玄昉		法相宗	~746	大僧正律・僧	716~735	義淵の弟子
宣教	河内？	法相宗				義淵の弟子
行基	河内	法相宗	668~749	僧・正		薬師寺・義淵の弟子
行信		法相宗		僧		元興寺
審詳	新羅？	華厳宗	~751	律	？	大安寺
良弁	近江	華厳宗	689~773	僧		東大寺
慈訓	河内	法相宗	691~777	律		興福寺
隆尊		華厳宗	706~760			興福寺・義淵の弟子
鑑真	唐	律宗	688~763	律	754	東大寺・唐招提寺
法進	唐	律宗	709~778	正	754	鑑真の弟子
思託	唐	律宗		法王	754	鑑真の弟子
道璿	唐	華厳宗	699~757	律・僧	736	比蘇山寺
菩提	天竺	華厳宗	704~760	律	736	大安寺
道鏡	河内	華厳宗	~772	律		西大寺・元興寺
円興	河内	三論宗	~779	律・僧		元興寺・道鏡の弟子
基真	近江	法相宗	~770	律・僧		山階寺・円興の弟子
安寛		法相宗		律・僧		東大寺・律宗大学頭
慶俊	河内	三論宗		正		大安寺
賢璟	尾張	法相宗	714~793			興福寺・室生寺
等定	河内	華厳宗	721~800			実忠の弟子・梵釈寺
善珠	大和	法相宗	723~797	律		東大寺・玄昉の弟子
行表	大和	律宗	724~797			崇福寺・道璿の弟子
実忠	？	華厳宗	726~810?	律・僧		東大寺・良弁の弟子
行賀	大和	法相宗	728~803		752~783	興福寺
玄賓	河内？	法相宗	~818			興福寺・宣教の弟子
如宝	胡国？	律宗	~815		754	唐招提寺・鑑真の弟子

※宗派については、関係した学問(派)の内の代表例を掲げた。
※役職の欄の律は律師、僧は僧都(大・少)、正は僧正を示す。
※生没年の欄の空欄は、生年及び生没年不詳を示す。
※備考の欄の寺名は、居住した寺院を示す。

させた後に俗律をもって処罰するとあることから、第一条にみる行為は、国家に関わる重罪であるので、この「法律」とは、名例律・闘訟律など俗律をさす。「官司」とは処罰に関わる各寺に設置された僧綱と三綱、そして、上部機関としての治部省・玄蕃寮といった関係機関とすべきであろう。

以下、僧尼令の規定は、こうした行動規範に終始し神祇令のように祭祀をめぐる禁忌(タブー)の羅列ではない。僧尼は、太政官の二官八省のうち治部省・玄蕃寮という俗官、僧尼がその任にあたる僧綱(僧正・大、少僧都・律師)と各寺に設置されている三綱(上座・寺主・都維那)によって行動の規制をうけていた。さらには、寺院内では三綱の監督を受けるだけではなく、僧尼令にもあるように師僧と弟子僧との関係も重要視されていた。師弟関係は、大乗戒、小乗律を問うことなく、時には親子関係にもなぞられて、両者の間はともすると服従と被服従の関係にあり、違反の場合には戒律の規定によって処罰された。いわゆる内法的な行動規制の原則が存在していた。

僧尼は、官寺と同様に支給された寺封や寺田からなる生活基盤を保証されていたので、僧尼となるための正式(国家的)な儀式、すなわち得度・受戒(これを官得度と称する理由である)をへた一群であることは言うまでもない。

これに対して、私度僧と自度僧という僧尼の一群が存在する。両者を混同する指摘もあるが、注意すべきである。私度僧は律令の規定にみる用語で、自度僧とは異なる。両者は自らの意思で官得度を得ていないということでは共通するが、私度僧は、負担すべき税(課役など)から逃れるために僧衣をまとう一群である。

一方、常日頃、仏教の教えを守り生活している人々は、税を負担する自度僧である。僧尼令私度条などにもとづいて再三規制の対象としているのは、税を負担しているかいないかの問題にかかわる。ちなみに、『霊異記』にみる農民をはじめとする在俗の仏道修行者は、原則的には自度僧とすべきであろう。

諸寺の官僧は以上のような社会的な環境のもとにあって、天平という時代を天皇や貴族層の求めに応じて護国法会を執行し、ともすると社会的地位や身分の変動という経験をしていた。そして、こうした経験をともないながら政治の渦にまきこまれ、紆余曲折に満ちた生涯を送ったのである。その典型的な僧尼の一人が玄昉(?～七四六)であった。

玄昉は唐から五〇〇〇余巻の経典をもたらし、これらをもって聖武天皇(七〇一～五六・在位七二四～四九)の妻である光明皇后(七〇一～六〇)が、その全てを書写する「天平十二年五月一日経」の作成に着手したほどである。それだけではなく、日本に大仏造立のアイデアをもたらしたともされる。本来、大仏は山間につくるべしとのアイデアをもって紫香楽の地に造立を予定していたが、僧俗の反対意見があって、結局は平城京に近接する地に東大寺を建立して大仏造営の計画が実施されることになった。

玄昉はこれまでの官僧と同様に奈良仏教の進化を飛躍的に実現した僧であったが、橘諸兄、吉備真備とともに時勢に深く関わったためか、天平十七年に筑前観世音寺に左遷され、一年後に死去するという波乱の一生を送った。

その失脚ともいえる顚末の原因の主なものは何かを特定することは困難であるが、仏教者が俗なる世界と深くかかわることとなったはじまりといえよう。しかし、それをさらに加速させる事態が起こった。それが大仏造立事業であった。

いわゆる大仏造立の詔とは、『続紀』天平十五年十月辛巳条によれば、

詔して曰はく、朕薄徳を以て恭くも大位を承け、志は兼済に存し、勤めて人物を撫ず。率土の浜、已に仁恕に霑ふと雖も、普天のもと未だ法恩に浴せず。三宝の威霊に頼りて乾坤相ひ泰かに、万代の福業を修めて、動植咸く栄えむ事を欲す。粤に天平十五年歳次癸未十月十五日を以て、菩薩の大願を発して、盧舎那仏の金銅像一軀を造り奉る。国の銅を尽して象を鎔て、大山を削りて以て堂を構へ、広く法界に及して朕が知識とす。遂に同じく利益を蒙りて、共に菩提を致さしめむ。夫れ、天下の富を有つは朕なり。天下の勢を有つも朕なり。この富と勢と

を以てこの尊像を造らむ。事成り易く、心至り難し。但恐らくは、徒に人を労かすことのみ有りて、能く聖に感かずること無く、或は誹謗を生みて、反りて罪辜に堕さむことを。是の故に知識に預かる者は、懇に至誠を発さば、各介福を招かむ。宜しく毎日盧舎那仏を三拝すべし。自ら念を存して各盧舎那仏を造るべし。如し更に人有りて一枝の草一把の土を持ちて像を助け造らむと情願はば、恣に聴せ。国郡等の司、此の事に因りて百姓を侵擾し、強ひて收斂めしむること莫れ。遐迩に布き告げて、朕が意を知らしめよと。

とあるのが、それである。ことにその一節には、金銅製の大仏造立のために「国の銅を尽して象を鎔て、大山を削りて以て堂を構へ、広く法界に及して朕が知識とす。遂に同じく利益を蒙りて、共に菩提を致さしめむ。」とあるように、人々の信仰に期待した。そのあらわれとして、人々からの物心両面の寄進によって実現をはかる知識(結)のプランが立案された。

知識は発願主の天皇、それを構成する知識衆は僧尼のみならず、貴族、官人、あらゆる階層の人々であった。彼らを信仰的にリードする知識頭首として登場したのが大僧正になった行基(六六八～七四九)であった。行基は玄昉とは逆で、四十代から五十代には人々をまどわす僧尼令違反の僧として、時には行動を規制されたのであった。しかし、行基の行動は、知識を体現するものであり、そのノウハウを熟知した僧であった。行基は近畿地方を中心に数々の寺院と布施屋(救済施設)、橋や堤防を建設していた。その経費、労働力の捻出は全て知識結によるものであった。その全容は平安時代にまとめられたという「行基年譜」によって知ることができる。

玄昉は、行基の大僧正就任と相前後に失脚した。『続紀』天平十八年(七四六)六月己亥条に、

僧玄昉死す。玄昉、俗姓は阿刀氏なり。霊亀二年、入唐して学問す。唐の天子、昉を尊み、三品に准じて紫袈裟を着せしむ。天平七年、大使多治比真人広成に随ひて還帰す。経論五千余巻及び諸の仏像とを賫ち来れり。皇朝

もまた、紫袈裟を施し着せしむ。尊みて僧正となし、内道場に安置す。是より後、栄寵日に盛にして、稍く沙門の行に乖けり。時の人これを悪めり。是に至りて、徙所にして死す。世に相伝へて云ふ、藤原広嗣が霊の為に害せらる、と。

とあり、玄宗皇帝から玄昉への紫衣の授与、弟子僧の一人として唐僧善意の存在、大仏造立を唐での造立の様に近似していると判断しての紫香楽宮で企図したこと、さらには「開元釈経録」にしたがった体系的な経典類の将来などを改めて捉えなおしてみると、道慈が痛感していた唐代仏教と奈良仏教との諸処に及ぶ落差を解消せんとした玄昉の仏教者としての来歴を飾るものばかりであった。そして、それらは、唐代の仏教の盛花を日本でも開花させるという玄昉の仏教観を結実させるに足るものでもあった。その意味では玄昉は、中国仏教(唐代仏教)を体現していた奈良仏教者であった。その力量のあらわれの一例が、『続紀』天平九年十二月丙寅条であり、

大倭国を改めて、大養徳国とす。是の日、皇太夫人藤原氏、皇后宮に就きて、僧正玄昉法師を見る。天皇もまた、皇后宮に幸す。皇太夫人、幽憂に沈み久く人事を廃せしが為に、天皇を誕みしより未だ曽て相見えず。法師一看し、恵然として開晤す。是に至りて適々天皇と相見えたり。天下、慶賀せざるはなし。即ち、法師に絁一千疋、綿一千屯、絲一千絇、布一千端を施す。(下略)

とあり、唐から帰国間もない時期に玄昉が病がちな藤原宮子を一見して、「恵然開悟」せしめたのであろう。これは、いわば玄昉の仏教者としての存在そのものが、一種の呪術的効果として一瞬のうちに作用したことを象徴していた。さらに良弁に審詳を仲介し、「華厳経」の流布につとめたのは、玄昉の新来の仏教的知識をもってする「教学的再編成・拡充」という意志の表明でもあった。

こうした「唐代仏教の権化」としての真骨頂を内外に喧伝したのが、光明皇后の発願による天平十二年五月からの

写経事業、いわゆる「五月一日経」であった。「五月一日経」は、玄昉のもたらした新来の経典類に基づくものであり、それなくしては、到底実現し得なかった。

玄昉失脚の要因には、以上のような玄昉の「唐代仏教の権化」としての存在そのものを危惧する風潮、奈良仏教界にとっても旧来の律令政府に対する権益を削ぐものと認識されていたのではないか。

そして、行基の出現により、大仏造立は恙なく完成に至り、天平勝宝四年(七五二)四月九日に開眼供養が行われた。開眼の先導はインドより来日した菩提遷那が筆をとり、大仏に魂をこめた。しかし、この時には造立の立役者であった行基はすでにこの世にはいなかった。時に聖武天皇も病弱のためであろうか、四年前の天平二十年(天平感宝元年・天平勝宝元年)七月に娘の安倍内親王に皇位を譲り上皇となっていた。奈良仏教の象徴ともいえる東大寺大仏の完成と相前後して、南都六宗と通称される華厳・律・成実・三論・法相・倶舎の六学派が形成された。六宗は、特定の寺院を拠点とする一宗一寺の制度をとることなく、平城京に所在する東大寺・興福寺・薬師寺・元興寺・大安寺・西大寺・法隆寺などにおいて、各宗が共存しあう形で研鑽が行われた。経典を中心とする経宗もあれば注釈書や論書を中心とする論宗でもあった。そして、官僧は、各学派を学ぶために各寺をめぐり歩くことができる学的な環境のもとにいたようである。

こうして学的な環境が次第に形成されていったとはいえ、僧尼の養成に必要な戒律に関する知識とそれを担う学僧は不足していたようである。そのために天平五・六年頃から唐から専門家を招聘する計画がとり行われ、その第一陣として天平七年(七三五)には道璿が、天平勝宝六年(七五四)には鑑真が来日したのである。ことに鑑真の来日によって、僧尼養成の儀式である得度受戒の制度は確立し、本格的な三師七証(具足戒を授ける三師〈戒和上・羯磨師・教授師〉、戒を授ける儀式が正しく行われたかを証明するための七人の師僧〈七証〉による受戒制度)とその儀式の場である戒壇の完成をみたのである。いわゆる東大寺戒壇院の創建である。これを機として、西国には筑前観世音寺（福岡県太宰府市・天台宗）、東国には下野薬師寺（栃木県下野市・真言宗智山派）にも戒壇院が創建され、これをもって天下の三大戒壇と称することとなった。

ここで銘記するべきことは、鑑真は戒律の知識だけを日本にもたらしたのではないことである。後に鑑真の弟子が寺容を整えた唐招提寺金堂の諸仏や現在の新宝倉に所蔵されている木彫群が象徴するように、唐代仏教の最新の教学や文物をもたらしたことである。その影響は平安仏教（密教）の先駆者的な知見も含まれていたと考えるべきである。こうした新知見は、藤原仲麻呂や光明皇后の関心をひきつけ、奈良仏教の教学的進化を促した。それらは孝謙天皇、淳仁天皇（七三三～六五・在位七五八～六四）、そして称徳天皇へと慌ただしく皇位が受け継がれるという政治的な不安定さとも呼応する形で多くの高僧たちが平城京の内外で活動を活発化させた。そうした高僧や学僧の一人が河内国出身の道鏡（？～七七二）であった。

ところで、奈良仏教と平安仏教は断絶していたというのが通説である。しかし、何ものかをうけつぐ形で時代を異にする奈良仏教と平安仏教は関わりをもっていたと考えられないか。加えて、『霊異記』に所収されている一一〇余の説話群をひもとくと、なおさらの感がある。『霊異記』は決して私度の文学でも庶民の文学でもない。薬師寺という官寺に止住する官僧である景戒が天平の御世の仏教をこよなく愛してやまない立場から、平安の御世に奈良仏教の存在感を語り上げた一書とすべきである。それだけではなく、そこには可能な限りの奈良と平安の仏教のさまも説いていた。

これらを念頭において奈良末から平安初期の例えば仏教界を統轄した僧綱の一員であった僧尼の名をみると何人かに注目せざるをえない。例えば秋篠寺（浄土宗単立寺院、奈良市秋篠町）の善珠（七二三～七九七）もそのひとりである。

善珠は興福寺僧の玄昉の弟子であったというが、その来歴は未詳である。延暦年間に僧正となった。桓武天皇（七三七～八〇六・在位七八一～八〇六）のみならず、光仁天皇、平城天皇（七七四～八二四・在位八〇六～九）の帰依も得たという。善珠の行動の軌跡をみると鑑真の弟子如宝（?～八一五）との積極的な交流を果たしている。二人の行実は、あたかも奈良仏教と平安仏教を結びつけるような働きをなし、いわば奈良仏教と平安仏教を連関させていたように思う。

しかし、なぜかこうした奈良仏教の動きは平城京があたかも緑豊かな大地におおわれて過去のものとなってしまったように歴史の背後にうもれ、さらには難解な仏教と位置づけられ人々の関心を失った。

こうした奈良仏教は、再び平安期から鎌倉初期にかけて南都仏教へと再生した、貞慶（一一五五～一二一三）、叡尊、忍性（一二一七～一三〇三）といった奈良の寺々に所属する高僧によって歴史の陽の目をみることとなった。その再活性化は行基や鑑真といった天平期の仏教の変革をもたらした僧尼の生命力にあたかも期待するかのごとく、その来歴を語り上げ伝承化し、高僧中の高僧として位置づけることによってなされた。例えば、知識頭首の行基は文殊菩薩、発願主の聖武天皇は観音菩薩、開山の良弁は弥勒菩薩、大仏の開眼導師の菩提遷那は普賢菩薩として、各々、東大寺四聖として顕彰された。顕彰のさまは、平安期にいたり中国に例のある祖師伝ともいえる高僧伝の主役ともなり、「行基菩薩絵縁起」等が作成された。さらに鑑真の多様な宗教的人格は、律宗の祖として位置づけられ、「唐大和上東征伝」に基づく絵伝も作成されていった。なお、興福寺僧玄昉は筑紫観世音寺で死をむかえ、奈良仏教界から間をおかれることとなる。弟子僧善珠の彗星の如き登場以来であろうか、再び南都法相宗の祖の一人として加えられていった。奈良仏教者の評価は、時代の流れの中でめまぐるしく有為転変する。

南都仏教は、奈良仏教と時代を異にするだけで、内容的には同様で、ともすると難解な学問仏教であるという先入観がただよっている。しかし、鎌倉時代という天皇、貴族層の御世とは異なる武家時代の到来によって、さしせまった仏教界の環境の変化に応ずるために多様な革新を果たしたのであり、奈良仏教の高僧伝承の再生も奈良時代へのこよなき憧憬の心象をもっていた貞慶・叡尊・忍性の三人の手になると考えたい。

(二) 官僧良弁と官僚

奈良仏教をになった僧として、本書にとっても重要なのが良弁(六八九〜七七三)である。

良弁をめぐってまず着目すべきなのが、『霊異記』中―二一である。

諸楽の京の東の山に、一つの寺有り。号けて金鷲と曰ふ。金鷲優婆塞、斯の山寺に住するが故に、以て字とす。今東大寺と成る。未だ大寺を造らざりし時、聖武天皇の御世に、金鷲行者、常住して道を修す。其の山寺に一つの執金剛神の摂像を居く。行者、神王の蹲に縄を繋けて引き、願ひて昼夜に憩はず。時に蹲より光を放ち、皇殿に至る。天皇驚き怪しびたまひ、使を遣して看しむ。勅信、光を尋ねて寺に至り、見れば一の優婆塞有り、彼の神の蹲に繋けたる縄を引きて、礼仏悔過す。信、視て遄かに還りて、状を奏す。行者を召して、詔りたまはく「何事をか求めむと欲ふ」とのたまふ。答へて曰く「出家して仏法を修学せむことを欲ふ」といふ。勅して得度を許したまひ、金鷲を名とす。彼の行を誉めて、供する四事、乏しき時無し。世の人其の行を美め讃へて、金鷲菩薩と称ふ。彼の光を放ちし執金剛神の像、今東大寺の羂索堂の北の戸に立てり。賛に曰く、善きかな、金鷲行者。信の燧を東春に攅り、熟火を西秋に炬く。蹲の光感火を扶け、人皇慎みて瑞を験す。誠に知る、願として得ざること無しといふは、其れ斯れを謂ふなり。

とあり、「金鷲優婆塞」と聖武天皇の信仰的な交わりの一端を語っている。そしてこの優婆塞が若き日の良弁であるとされている。これによれば、優婆塞でもあった金鷲行者は、日々、東大寺の前身の山寺に安置されている執金剛神像のふくらはぎに縄を繋げて引き、昼夜をいとわず悔過礼仏していた。時には、そのふくらはぎから生じた光が、天皇(聖武天皇ヵ)の目にとまり、出家得度の機会を得たという。執金剛神像は、後ろ戸の観音と通称され東大寺三月堂に伝存しているように、東大寺創建に関わる説話の一つである。それ以外に良弁は『霊異記』に所載されることはなく、聖武天皇だけではなく良弁の理想が結実したともいえる大仏についても、わずかに中―序に触れる程度であり、大仏造営に関わったことすら触れていないことから考えると、この説話をもって、景戒は天皇の「玉体」の安寧を祈る若き日の良弁の姿を延暦・弘仁年間に広めようとの意図があったように思う。

良弁は、八十年に及ぶ生涯でともに官僧である玄昉、行基、さらには道鏡の行実を眼前にして、どのようなことを考えていたのであろうか。そして、権勢を誇った藤原仲麻呂のもとにあって中央政界から隔絶されることを余儀なくされるも孝謙天皇(七一八~七〇・孝謙天皇在位七四九~五八・称徳天皇・在位七六四~七〇)の密やかな信頼を得続けていた真備との交流は、奈良仏教をめぐる政教関係の相剋や政治・文化・宗教をめぐる世界の解明につながる素材であると思う。

良弁の行実は、後述するように、結果的には否定されるも、南都六宗として完成されてゆく奈良仏教を体現する僧侶として描かれていたといえよう。君臣関係を体現したという評価を持続させたということの意味をどのように理解すべきであろうか。

その意味でも「忠」という道徳的な指標をもって奈良時代の貴族・律令官僚と官僧の政治思想の特質を論じた下出積與氏によれば、良弁に代表すべき奈良時代の官僧について、次のように指摘している(下出積與『日本古代の仏教と神祇』)。すなわち、奈良時代の僧侶は歴史的な存在としては、一個の宗教人としてある前に、一つの官僚として存在していたわけである。つまり、仏教を通じて祭官として存していたわけである。彼らには仏教本来の教義である個人の救済、精神の解脱を説くことは、第一義ではなかったのである。僧侶はみな律令国家への忠誠をはげむことがもっとも肝要なことである。僧侶はみな律令国家の無限の繁栄を仏に祈ること、これが最大の任務であり、必要な義務とされたわけである。官府的（国家的）な仏教は、ここにいよいよ真価を発揮するし、宝祚の無窮の祈願に顕著な霊験のある僧侶が、もっとも偉大な宗教人として尊敬されると同時に、もっとも恐懼すべき高官と遇されるわけであると指摘している。

天皇・貴族層、さらには歴史を繙いた史官の目は、良弁の行実については冷ややかであった。例えば、『続紀』宝亀四年閏十一月甲子条によれば、

僧正良弁卒す。使を遣して弔はしむ。

という、簡略な記述である。いわゆる、良弁の死を「卒」と表記するのは、喪葬令薨奏条によれば、

凡そ百官身亡しなば、親王及び三位以上は薨と称せよ。五位以上及び皇親は卒と称せよ。六位以下、庶人にいたるまでは、死と称せよ。

とあるように、良弁の死の表記を五位以上の官位を有する者、および皇親の場合としてあつかい「卒」としている。しかし、後述するように、例えば道慈などに関する記述と比較すると、あまりにも簡略である。僧正という理想的な臣下としての官僧ではなく、良弁的な国家への奉仕の否定であったのか。良弁は、聖武天皇の意を受けて大仏造立のディレクターとして仏身論の形成に尽力した。そのためにか、大仏の所依の経典とされている「華厳経」の講説を、時には新羅留学僧であった大安寺僧審詳に依頼した。依頼するにあたり良弁が審詳の存在を知り得たのは、興福寺僧玄昉であったとの指摘がある（堀池春峰「華厳経講説よりみた良弁と審詳」）。

ところで、大仏造立の目的は、「華厳経」を所依とすることにより、現世に蓮華蔵世界を体現させ仏教による国家

的、宗教的な理念の実現を宣言するためであった。このことは、必然的に神の子たる天皇という地位を巡る問題に発展したであろう。そのことを解決するために編み出されたのが、仏教伝来以来の課題であった神仏の関係であった。聖武天皇は、造立の本格化する最中に、自らを三宝の奴と公言し、その保持する権威を大仏に委ねることとなった。その結果、天皇を主体とする神々も精神的・信仰的に仏菩薩の精神的な体系のもとに組み入れることとなった。そこに横たわる世界観には、石母田正氏がいうところのフィクションは介在していたであろうか。例えるならば、聖武の目的は、初代別当の良弁が理想とする「華厳経」を所依とする「蓮華蔵世界」と異なっていたに違いない。

ところで、『続紀』天平勝宝元年(七四九)十二月丁亥条をみると、

八幡大神祢宜尼大神朝臣杜女其の輿は紫色なり。一ら乗輿と同じ。東大寺を拝す。天皇、太上天皇、皇太后も同じくまた行幸す。是の日、百官及び諸氏の人等咸く寺に会す。僧五千を請じて礼仏読経せしむ。大唐・渤海・呉の楽、五節の田舞、久米舞を作さしむ。因て大神に一品、比咩神に二品を奉る。左大臣橘宿祢諸兄、詔を奉りて神に白して曰く、「天皇が御命に坐せ、申し賜ふと申さく、去にし辰年河内国大県郡の智識寺に坐す盧舎那仏を礼し奉りて、則ち朕も造り奉らむと思へども、え為さざりし間に、豊前国宇佐郡に坐す広幡の八幡大神に申し賜へ、勅すらく、神我天神・地祇を率ゐいざなひて必ず成し奉らむ。事立つに有らず、銅の湯を水と成し、我が身を草木土に交へて障る事無くなさむ」と勅し賜ひながら成りぬれば、歓しみ貴みなも念食す。然りて、猶止むことを得ずして、恐けれども、御冠献る事を恐みも恐みも申し賜はくと申す。尼杜女に従四位下を授く。主神大神朝臣田麻呂に外従五位下。

とある。大仏造立に協力することを告げるために八幡神が平城京に到来した時に、本来は俗人である親王に授与する官位である一品を八幡神に、比咩神に二品を各々授け、ともに入京した尼杜女に従四位下、主神大神朝臣田麻呂に外

従五位下を授けた。神である大神・比咩神に授けられた一品、二品は本来、天皇の子女である親王・内親王に授けられる官位であった。これが後世の神階である。八幡への神階授与の意味するところは、俗界での天皇と臣下の序列になぞらえることにある。このことは、天皇に官位がないのと同様に、天皇の祖先神とされる神階授与のない、天照・伊勢の両大神を頂点とする律令的な神的世界での序列に組み込まれたことを意味するのであろうか。しかし、伊勢大神の子孫であり天皇は神の子でありながら、『続紀』天平勝宝元年四月甲午朔条によれば、

天皇東大寺に幸し、盧舎那仏像の前殿に御して、北面して像に対す。皇后・太子並に侍す。群臣百寮及び士庶分頭して、殿の後に行列す。勅して、左大臣橘宿祢諸兄を遣して仏に曰さく、「三宝の奴と仕へ奉る天皇らが命らまと盧舎那の像の大前に奏し賜へと奏さく、此の大倭国は天地開闢けてより以来に、黄金は人国より献ることは有れども、斯の地には無き物と念へるに、聞し看す食国の中の東の方陸奥国守従五位上百済王敬福い、部内の少田郡に黄金出在りと奏して献れり。此を聞し食し、驚き悦び貴び念はくは、盧舎那仏の慈び賜ひ福はへ賜ふ物に有りと念へ、受け賜はり恐り、戴き持ち、百官の人等を率ゐて礼拝み仕へ奉る事を、挂けまくも畏き三宝の大前に、恐み恐むも奏し賜はくと奏す」と。

とあるように三宝の奴と宣言し、盧舎那仏の功徳によるのか、造立の途上にあった大仏への塗金に必要な金が陸奥国から思いがけず産出したことを報告している。この中で、伊勢大神のもとにあった天皇は「三宝の奴」と自称して仏弟子として仏教の世界に入り込み、その世界観に与することを宣言した。これは、いわゆる陸奥国産金が大仏造立という善行・善因によるもので、その善報・善果としたことで、その効用は発揮され、神仏交渉ないしは神仏習合の構造のモデル(国家的な神仏習合)ができあがったとすべきではないか。

すなわちこれこそが日本における神仏習合の本格化のはじまりであった。この宗教的枠組みは、為政者にとっては

精神的にも信仰的にも一元的に律令的な支配を展開するという意図・目的の推進には好都合であった。故に当初は、後述するように、為政者は伝統的な生産様式なり生産関係を精神史的に乱すものとして、行基による知識結を旨とする活動を規制し、反律令的な異端の集団として弾圧すらした。

しかし、大仏造立の計画の作成と実施を機としてその資金調達にむけて、人々の寄進を仰ぐ必要から知識結のメカニズムを律令政府、天皇は行基を知識頭首に仰ぐことにより、取り組むこととなった。現実には個人単位の知識結の参加ではなく、特定の集団(同族・地域単位、村単位、共同体単位)での参加であった。集団で参加するということは、これまで継続されてきた精神的な紐帯はそのまま持続・維持されることとなり、精神的・信仰的には村々が奉じる神々単位で聖武天皇による知識結に参加することとなった。

いわゆる行基型知識結が国家(聖武天皇)型知識結に移行(変容ヵ)することによって、仏菩薩のもとに神々が集権的に系譜化されたというべきであろう。知識結の性格の変化は、後述するように、奈良仏教界及び官僧を取り巻く、宗教史的な環境の大きな変化を象徴するものでもあった。律令政権の収取体制を補強するメカニズムを提供することとなった知識結こそが、行基の存在を最大限に評価する所以であったといえよう。もちろんこのことは行基が気づくと気づかざることに関係なく、律令政府の宗教観・仏教観、ないしは政教一致の原則に基づく仏教と神祇信仰、ないしは神道との関係を措定するという問題があった。

(三) 失意の良弁

大仏をめぐる仏身論については、家永三郎氏をはじめとして多くの研究者によって論じられてきた。所依の経典が「華厳経」あるいは「梵網経」、台座にみる蓮弁に描かれた世界は蓮華蔵世界か梵網経の世界かの論争であった(家永三郎『上代佛教思想史研究』)。大方は、所依の経典は、「華厳経」から「梵網経」に変化したとしている。すなわち大仏という仏(ホトケ)の身体論(仏身論)の変化であろう。

光明皇后による正倉院献納物の除物とその大仏周辺への埋納をめぐっては、明治期に大仏の膝元から出土し、「国家珍宝帳」に除物と付箋のある陰陽の二振りの刀剣の銘文が、近年、確認された。通説では、光明皇后が死去の直前に大仏の膝元に埋納したとある。聖武天皇の追善の為というのが通説となっている。追善の為をめぐる所依の経典となると、例えば、「梵網経」第二十軽戒の一節には、

若し父母・兄弟の死亡の日には、法師を請じ、菩薩戒経を講ぜしめて、福をもて亡者を資け、諸仏を見ること得て、人・天上に生ぜしむべし。もし爾らずは、軽垢罪を犯す。

と明確な記述がある。

「梵網経」へのことさらな帰依の動きを想定するとしたら、藤原仲麻呂と鑑真の関係から光明皇后にもたらされたのであろう。しかし、このことは必ずしも鑑真にとって良好に作用したわけではないと思う。鑑真にとって「梵網経」の存在は仏教を広く人々に広め、仏国土を日本に実現するために重要であるとする見解であった。対して、光明皇后や藤原仲麻呂は、特に第二十軽戒にあるように大仏および大仏殿を聖武天皇の追善の場とするためであったという相違があった。見解の相違は、両者の間には〝ミゾ〟の存在があったことを物語るのではないか。

鑑真の使命の終焉を物語る出来事と考えることもできよう。加えて、鑑真の弟子集団、思託と法進の分裂もあってか、天平宝字二年八月の淳仁天皇の即位にともない、「優詔」をもって、鑑真は後の唐招提寺に寓居することとなった。いわば、鑑真の行実にも大きな影響を及ぼしたと言うことである。その後鑑真は唐招提寺にあって、律を講じることに専心する日々を過ごすこととなった。

鑑真がもたらしたものは、弟子の法進が初代東大寺戒壇院の院主となり、国家戒壇の威儀の充実だけが天皇・貴族層によって受け止められ、いわば形式的・儀式的な側面だけが持続性をもって受け継がれたのである。鑑真の戒律精神は、等閑視されたというべきである。

追善のためとはいえ、大仏の膝元に聖武天皇の遺愛の品々を埋納することは、大仏の仏身論の変化を象徴するのである。これまでの「華厳経」の教主から「梵網経」の教主への変化を意味するものであり、前述の聖武天皇と良弁の大仏造立にこめた願い、いや、理想の改変であった。聖武天皇はもとより、眼前に繰り広げられる自らの理想の改変に良弁は失意に身を沈めたであろう。光明皇后(現実には、皇太后であるが)は、たとえ夫の追善のため、巷間で指摘される愛の証をという意図があったというがいかがであろうか。光明皇后のもとで手腕を発揮した藤原仲麻呂は、良弁ないしは東大寺僧への非礼とも思える不比等(六五九～七二〇)以来の布施をめぐる先例を念頭に置くと、埋納という大仏の仏身論の改変にも藤原仲麻呂が関与していたと思う。

ただ、埋納は大仏の仏身論の変更にとどまることなく奈良時代における神仏関係にも影響したのではないか。聖武天皇にとって大仏は「三宝の奴」を象徴するもので、まさに天皇と仏教の関係を象徴するものであり、神仏習合の形成期も象徴するものであった。埋納は、こうした関係を改変するもので、神仏習合を国家中心(例えば精神的に統合する機能)に完成させたとも考えたい。これも良弁にとっては、失意の要因になったであろう。

良弁の失意は、大仏の仏身論の変化が、いとも簡単に光明皇后による夫である聖武天皇の冥福を祈るという目的のために行われ、実現したこと、そして、東大寺の別当として奈良仏教の雄である良弁の理想が無視されたことも要因であろう。加えて、政治の世界が仏教の世界を凌駕し始め、ないしは俗法優位が厳然として存在し続けたことに、仏教界の一員として良弁が、何もしえなかったことも諦めにも似た失意の念を生じさせたのではなかろうか。

良弁と聖武天皇の理想・理念が瓦解したことは、その後どのようなことを引き起こしたであろうか。良弁の存在感の低下など東大寺の運営には、ことさらな冷風がもたらされたであろうことは、いうまでもない。寺内の鬱屈した雰囲気は継続したであろう。大仏殿周辺の造営事業もいまだ完成の域に達していなかったので、なおさらであろう。そして、光明皇后のみならず実務に奔走した藤原仲麻呂に対する東大寺の僧たちの憤懣は増大したであろう。その一人に良弁の周囲で勉学に励んでいた道鏡もいたであろう。

天平宝字四年六月の光明皇后の死は、政治史的にも文化史的にも大きな転機であった。後ろ盾を失った藤原仲麻呂の威勢は、結果的に擁立した淳仁天皇の運命と同様に、造東大寺司長官として中央に復帰した吉備真備の戦略などもあって終焉した。位人臣を極めた藤原仲麻呂は、天平宝字八年九月に近江国の琵琶湖畔で、類いまれな悲惨な最期を遂げた。

ところで、道鏡の失脚後のことであるが、良弁以後の東大寺にはもう一度、失意の念を深めざるを得なかったことがある。それが、良弁あるいは実忠の弟子と言われていた早良親王の立太子と廃嫡という紆余曲折した顚末である。早良親王の宗教的な存在感は、光仁天皇の皇子・桓武天皇の弟であることを導線として、奈良仏教界と律令政府とが信仰的に一層強固な関係を構築する可能性であった。しかし、早良親王の急死によって、それが実現することがなくなった。良弁の跡を受け継いだ実忠も大きな打撃を被ったに相違ない。

二　奈良時代の官僚と仏教

㈠ 吉備真備という官僚

奈良時代の政治を担ったのは、藤原的なグループと大伴的なグループであったという（竹内理三「八世紀における大伴的と藤原的―大土地所有の進展をめぐって―」）。藤原的とは、不比等にはじまり武智麻呂（六八〇〜七三七、南家の祖）・房前（六八一〜七三七、北家の祖）・宇合（六九四〜七三七、式家の祖）・麻呂（六九五〜七三七、京家の祖）四兄弟と仲麻呂（七〇六〜七六四）、永手（七一四〜七一）、百川（七三二〜七七九）等であり、大伴的とは長屋王と橘諸兄（六八四〜七五七）である。この二つのグループは、単に政治的だけでなく文化的にも相違するものがあったと思う。

大伴的なグループに近い存在とされているのが、藤原氏と対峙した天平期の政治を体現する貴族層＝官僚の一人、吉備真備である。

真備は、単に政治家というだけではなく、学者・文化人でもあった。何よりも真備は、十数年に及ぶ留学生の生活を終えて天平七年（七三五）の唐から帰国以来、宝亀六年（七七五）の死去に至るまでの長きにわたって、聖武天皇、称徳天皇、そして淳仁天皇の四代の天皇、さらには藤原氏と橘氏による政争を間近にしつつも、晩年には右大臣まで登りつめた。なおかつ玄昉、行基、道鏡などの去就を眺めた稀有な人物であり、奈良時代の官僚を代表している。

つまり、真備は、奈良時代の政治のみならず、奈良仏教の盛衰を見続けてきた稀有な人物である。いわば政治と仏教の生き証人であったといえる。真備の行実や言説を事例として、以下では、奈良時代の政治と仏教の関係を示したい。

真備は、吉備(岡山県)地方の在地豪族層の出身であった。父は平城宮の警備にあたる右衛士の少尉であった吉備圀勝、母は楊貴氏の出身の女性である。元来は、下道(しもつみち)氏と称していたが、天平十八年(七四六)十月に吉備氏に改姓した。

霊亀二年(七一六)に留学生として入唐し、天平七年に十七年の「入唐留学生」としての生活を終えて帰国した。帰国してすぐさま「唐礼」百三十巻、「太衍暦経」一巻、「太衍暦立成」十二巻、測影鉄尺一枚、銅律管一部、鉄如方響写律管聲十二條、「楽書要録」十巻、絃纏漆角弓一張、露面漆四節角弓一張、射甲箭二十隻、平射箭十隻等の文物を献上している。その内容は、儀礼書・楽・暦に関するテキスト、さらには、調律や天文観測、最先端の武具類であった。いずれも最新の技術に関わるものを献上し、その後の暦や武具の改良に役立てた。中でも「楽書要録」は正しくは「武后楽書要録」といい、則天武后の命令によって編纂された音楽理論書である。真備を介して則天武后の足跡がもたらされた一例といえよう。

図１　吉備大臣入唐絵巻
(Photograph © 2023.06.Museum of Fine Arts, Boston)

帰国後の真備は、唐での「入唐留学生」として得た実学的な学識を備えた人物として、いわば新進気鋭の学者として一目も二目もおかれた。僧玄昉と共に橘諸兄を補佐する役回りを担うこととなった(宮田俊彦『吉備真備』)。

玄昉は、大仏造立をめぐる問題などで諸兄と袂を分かち、結局は、「稍や沙門の行に乖けり、時の人、是を悪むと」との理由により、天平十八年に筑前観世音寺に赴くこととなり、中央の仏教界から追放の処置をくだされ「方外の士」というか「方外の僧衣の何某」となった。そして、真備は次にかつて指弾の対象であった行基の登場と聖武天皇の編んだ知識結の頭首大僧正の栄誉の様を眼前にした。その間、藤原広嗣の乱があり、批判の矢面に立ったが、阿倍内親王の侍講(家庭教師)、東宮学士、さらには東宮博士の地位にあった。しかし、天平九年の藤原広嗣の乱の一因に玄昉と真備を排除することがあったように、真備は藤原仲麻呂などに疎まれ、筑前国や肥前国の国守として九州に赴いた。その後、真備は、天平勝宝三年(七五一)十一月に遣唐使の副使として、再度、入唐し、同五年十二月に帰国した。帰国後も平城京に戻ることなく大宰府の大弐(長官)として九州にとどまった。

平城京に戻ったのは、天平宝字八年(七六四)正月で、造東大寺司の長官に就任するためであった。直後の仲麻呂の乱で功績をあげたことにより、翌年の天平神護元年正月に勲二等、さらには大納言、正三位へと昇進した。道鏡政権にあっては、天平神護二年十月以来、左大臣藤原永手とともに右大臣として太政官の要職についた。

しかし、時代は「僧衣の何某」であった道鏡が称徳天皇の帰依を一身に得て、西大寺の造営などに邁進していた。加えて道鏡一族の弓削氏の人々も道鏡の余香を享受して高位高官となった。

右大臣として真備は、称徳天皇と道鏡が度々、建設中の西大寺を訪問する姿を間近に見ていたことであろう。類いまれな学識をもってする真備は、仏教に対しても一家言があったにせよ、一方で藤原永手との政治的な軋轢にもさらされていた。

それでも、橘諸兄政権では政治的な経験をふまえて、天平神護二年五月には中壬生門の西に二柱をたて、各々、官人・百姓の訴状を受け付けるなどの政治的な進言をことあるごとに称徳天皇に行った。

吉備真備は、称徳天皇にとっては、父聖武天皇が信頼した臣下の一人であるとともに、自らの帝王学の師であるという二重三重の「よしみ」を通じてきた存在であった。その一挙手一投足は、天皇にとってなき父の面影をたどることも可能な存在であったのではないか。

しかし、宝亀元年(七七〇)五月(実際は、神護景雲四年であるが)に、伊予国司高円朝臣広世が白鹿を大宰別当弓削浄人が白雀一双を献上したことがあった。その際に吉備真備は、藤原永手とともに、次のような奏上を行った。真備をはじめ道鏡政権を支えてきた官僚は、白鹿を上瑞、白雀を中瑞と判定して、各々、応分の褒賞を天皇より授けていただきたいと奏上している。祥瑞は、天皇の徳に満ちた政治に天が感応したことを示すものであり、礼楽が人々に行き渡り、裁判や刑罰が公平に行われ、獄舎には罪人が少なくなった状態を物語るものであり、文字通り善政のあらわれでもある。

この奏上をめぐる背後には、隅寺での舎利出現など、いまさらながらうち続く弓削浄人など道鏡人脈による一連の祥瑞の奏上に対する牽制ではなかったか。これは道鏡の権能なり、はたまた称徳天皇の権能が揺らぎきっていたことを物語るものであろう。称徳天皇は、翌六月には河内国由義宮(大阪府八尾市東弓削)に行幸して以来、一ヶ月間ほど病気がちであった。称徳天皇の病気の原因は、『続紀』宝亀元年(七七〇)二月丙辰条によれば、

西大寺東塔心礎を破却す。其の石の大きさ方一丈余、厚さ九尺にして、東大寺以東、飯盛山の石なり。初め数千の人を以て引くも、日去りて数歩なり。時に復た或は鳴る。是に於いて、人夫を益して、九日にして乃ち至れり。即ち削刻を加へて、基を築くこと已に畢ぬ。時に巫覡の徒。動すれば石の崇を以て言を為す。是に於て、柴を積みてこれを焼き、潅ぐに卅余斛酒を以てして、片片に破却して、道路に棄つ。後、月余日にして、天皇不忩なり。これを卜ふるに破石もて祟りとなすと云ふ。即ち復た拾ひ浄地に置きて、人馬をして践ましめず。今其の寺内の

東南の隅にある数十片の破石是れなり。

とあるように、前年の神護景雲三年(七六九)二月に西大寺の東塔心礎に用いるために東大寺の東に位置する飯盛山から石を切り出した祟りによるという。

ここで登場した「巫覡の徒」は、「動すれば石の祟を以て言を為す。是に於て、柴を積みてこれを焼き、灌ぐに三十余斛の酒を以てして、片片に破却して、道路に棄」てよと語った。この通りに行ったためか、しばらくして称徳天皇は病気となった。さらに病気の原因を占ったところ、今度は石を粉々に破却し放置した祟りであることがわかった。そこで西大寺の東南の隅の人が踏み荒らすことができない場所を選んで据え置くことで対処しようということとなった。ちなみに、踏み荒らすことができないとされた場所には、叡尊(一二〇一〜九〇)が仁治三年(一二四二)に勧請した石落神社(奈良市西大寺町)がある。ただ、称徳天皇の病気の原因は、後述のようにひとつではなかった。

西大寺の塔をめぐる祟りについては、『続紀』宝亀三年四月己卯条によれば、

西大寺の西塔に震す。これを卜するに、近江国滋賀郡小野社の木を採りて塔を構へて祟りを為すと。当郡の戸二烟を充つ。

とあり、東塔に次いで西塔の造営に際しても、差し障りが生じたようである。同じ四月には、道鏡が、下野国で死去していた。

一説では宝亀二年とある祟りに対して、用材を切り出した小野社(小野神社、大津市小野)に滋賀郡の封戸二戸を神封としたとある。西大寺にかかわる所説は、後述するように『霊異記』下―三六にあるように左大臣藤原永手も登場している。

しかし、翌年の七月に入ってから病気がいよいよおもわしくなくなったのか「大般若経」を七日間に転読させたり、

かつて反逆の徒であった橘奈良麻呂や藤原仲麻呂に縁ある人々の復権を果たさせている。いわば善政の徹底をうながし、称徳天皇の病気平癒を祈願していった。この時期の天皇の身辺にいたのが、『続紀』宝亀元年八月丙午条の一節によれば、「此より百余日を積むまで、親ら事を視ず。群臣曽て謁見すること得る者なし。典蔵従三位吉備由利、臥内に出入りして、奏すべき事を伝へり」とあるように、吉備真備の娘(一説には妹という)由利(?〜七七四)であった。

この時期の称徳天皇は、かつてのように「心のゆらぎ」もなく、信仰的に「交感」した相手である道鏡とも相見えることもなく、宮廷の奥深くに身を横たえる日々が続いた。称徳天皇の「心のゆらぎ」は諸々の詔でときあかすことができなくなってしまった。もちろん皇位継承を云々する立場でもなくなった。それに一番近い位置にあったのは、由利を通じて天皇の意志を伝聞することが可能となった吉備真備その人であった。

こうした状況下でも、吉備真備は、称徳天皇の病状を冷静に見つつも、天皇亡き後の事態の推移を何らかの形で描いていたであろう。

(二) 真備と仏教

それは、彼の著作である『私教類従』を念頭におくと、天皇の亡き後は少なくとも道鏡ではないことは確かであろう。ここに、和気清麻呂に加えて、もう一人真備という称徳天皇の家庭教師が、皇位が如何にあるべきかを「考え込んだ人物」として登場することとなる。真備としては、由利が称徳天皇の側近くに仕え、道鏡や藤原氏を遠ざけておけば、称徳がめざした理想的な親子による皇位継承が実現できるであろうと考えたのではなかろうか。

真備は、由利を通じて皇位継承を含めたあらゆることが自身に委ねられるであろうとの思いを描くこととなった。こうした真備の皇統への姿勢にすべてを委ねることが、称徳天皇の最後の拠り所であったかもしれない。

真備も「天皇の意志」を標榜することによって、自らの皇統観の実現を果たすことが、称徳天皇の父である聖武天皇の時代より仕えていた「忠臣」のなす全てと考えたであろう。真備は、満を持して長親王(?〜七一五)の子で「御史大夫従二位」の文室真人浄三と大市の兄弟を相継いで後継者に押し立て自らの皇統観を主張した。天武天皇の皇子であった長親王に関わる諸王を擁立することで、皇統の変更を防ごうとした。

対する道鏡はいざ知らず藤原氏の側も決して手をこまねいてはいなかった。これを機に、藤原氏も皇位継承者の選定に着手していた。いうなれば称徳天皇が病床にあった短期間には、こうした皇位をめぐるせめぎ合いが宮廷の真奥の思惑を超える形ではじまった。

そして、道鏡失脚のシナリオが、藤原氏と吉備真備とのせめぎ合いの中で次第に練り上げられていった。それは八幡神託事件の中心人物であった和気清麻呂の処置をめぐる時期あたりからではないか。しかし、こうしたせめぎ合いは、やはり藤原氏の方が一枚も二枚も上手であったろう。結局、時代転換の「風」は藤原氏になびくこととなり、ついには「偽りて宣命の語を作り、宣命使を庭に立てて宣制」して白壁王の即位を強行した。

藤原永手をはじめとする良継(七一六〜七七)や百川(七三二〜七九)といった藤原氏一族の行動に対しての吉備真備の感慨の一端は、『日本紀略』(以下、『紀略』とする)宝亀元年八月条によれば、「舌を巻き如何ともすることなし」として、ついで十月には、いわゆる「乞骸骨表」を次の天皇となる白壁王に直接、「長生の弊」を恥じて引退と隠居を願い出た。しかし、この願いは宝亀二年頃まで果たすことはできなかったようである。その四年後の宝亀六年十月二日に八十三年の生涯を閉じた。かつて右大臣の地位にあったので、光仁天皇は一位の格式をもって真備の弔いの使者を派遣した。

真備は、聖武と称徳の二人の天皇のもとで、結果的には藤原氏との政争に破れ、政治的な意欲を喪失するほどの激しい攻防を体験したということであろう。

ところで、西大寺の建立にあたっては、もちろん称徳天皇と道鏡の存在を多とすることは言うまでもない。しかし、それだけでは多くの国費を投じるに寺院造営の順調な進捗はあり得ない。

「正倉院編年文書」所載の「仏事捧物歴名」(五―七〇五)にみる「右大臣　油一升　花一櫃」という記述がある。「仏事捧物歴名」は神護景雲三年十月以降、同四年六月以前の案文(文書のしたがき)であろう(宮田俊彦『吉備真備』)。これによると下総守従四位上藤原朝臣是公は「油一升　米五斗」、左大弁従四位上佐伯宿禰今毛人(七一九〜九〇)は「油一升　花一櫃　香一裹　米五斗　生菜二輿籠」・右衛士従四位上佐伯宿禰伊多智(生没年不詳)は「油一升　花一櫃　米五斗」を西大寺での法会への布施を行ったのであろうか。神護景雲三年以来右大臣であった真備は油一升と花一櫃をおさめたのである。

今毛人は造東大寺司長官、後には、造西大寺司の長官にも就任した。藤原四子の一つ南家の祖藤原武智麻呂の孫である是公(七二七〜八九)は「西大寺流記資材帳」によれば、四(天)王堂の安置仏のうちの金銅四王像についての記述に六天の持物として同じく金銅の巻子一巻と筆一管を布施している。

ところで、創建当初の西大寺には、「西大寺流記資材帳」にあるように薬師金堂・弥勒金堂・十一面堂・四王院が寺内にあり、さらには東西の両塔などが甍をつらね、表2に掲げたように多くの仏・菩薩が安置されていた。しかし、その後多くの堂塔は荒廃し、弥勒金堂と四王院などを残すのみとなっていた。そのためか、例えば、後世の西大寺に関する大江親通による「七大寺巡礼私記」の記述は、比較的少なく、寺容の荒廃がうかがえる。

「七大寺巡礼私記」の西大寺の記述をみると、冒頭に弥勒堂に安置されていた労(牢)度抜提を「神妙なり」として掲げている。編者の親通は、院政期に真備への関心の高まる風潮の中で、西大寺造営に今毛人以上に真備が関わったことを思い起こさせようとして、労度抜提像を冒頭に掲げたと考えるのは、穿ち過ぎであろうか。

　労度抜提とは、弥勒信仰を説く「弥勒上生経」によれば、

> 璽の時、此の宮に一の大神有り、牢度抜提と名く。即ち座より起ちて遍く十方の仏を礼し、弘誓願を発す、「若し我が福徳、応に弥勒菩薩の為に善法堂を造るべくんば、我が額上に自然に珠を出さ令めよ」と。既に発願し已るに、額上に自然に五百億の宝珠を出す。瑠璃・頗梨、一切の衆色、具足せざるは無し。紫紺の摩尼の表裏瑛徹するが如く、此の摩尼の光、空中を廻旋し、化して四十九重の微妙の宝宮となる。

とあるように、自らの信仰をもって弥勒菩薩の住まいである兜卒天宮の建立を発願し、それを実現させた諸天善神であった。

　親通が労度抜提を冒頭に掲げた意図は、称徳天皇の弥勒堂建設にあたって「弥勒上生経」が所依の経典であったことを特筆したかったからであろう。あくまで憶測でしかないが、称徳の信頼する真備も、西大寺造営に重要な役割を果たしていたことを親通は示そうとしたのではないか。

　吉備真備は、『懐風藻』に漢詩を寄せたり、『万葉集』に和歌を残していない。二つの書には、道慈をはじめとして数人の仏教者が名を連ねて

表2　西大寺諸堂安置仏一覧

堂　名	安置諸尊名
薬師金堂	薬師如来像・脇侍菩薩像二躯・十一面観音像・馬頭観音像・　得大勢至菩薩像・不空羂索観音菩薩像・孔雀明王像・摩訶摩　由璃菩薩像・梵天王像・天帝釈像・羅漢像三躯・四天王像四躯・観世音菩薩像・釈迦像・帝釈像二躯・神王像二躯・多聞天像・摩耶夫人像・般砂尸棄像
弥勒金堂	弥勒菩薩像・脇侍菩薩像二躯・菩薩像十躯・水晶弥勒菩薩像・音聲菩薩像二二躯・羅睺羅像二躯・羅漢像・天女像十躯・天　人像十躯・牢度跋提神像・神王像五躯・龍王像六躯・胡人四躯
十一面堂	阿弥陀像・脇侍菩薩像二躯・十一面観世音菩薩像・不空羂索　観音菩薩像・金剛蔵菩薩像二躯・観世音菩薩像二躯・毘沙門　天像
四王院	八角塔・火頭菩薩像二躯・四天王像四躯・最勝太子像・将了知大将像・八臂那羅延天像・菩提樹神善女天像・堅牢　地神善　女天像・吉祥天女像・大弁財天女像

※「西大寺資財流記帳」（『寧楽遺文』中巻所収）による。

いる。仏教的な色彩の濃いものもある。心的世界を書き連ねている作品もある。

真備は、橘諸兄を支えた玄昉や、称徳天皇の身近に接し哀れな末路をたどった道鏡の行実を切実な体験として垣間見、さらには僧と俗の棲み分けをいかにすべきかについて煩悶した道慈の行実も見たであろう。

ことに真備は、称徳天皇の死後に天皇観の相違から藤原氏と皇位継承をめぐる政争を繰り広げたが、それでも道鏡を皇位につける事態を避けることでは両者の見解は一致していたであろう。奈良仏教者の善と悪を真備自身は認識していたのではなかろうか。

こうした経緯から、長屋王や道慈と相通じる仏教観を吉備真備に見いだすのは早計であろうか。それでも称徳天皇による西大寺の造営を陣頭指揮した真備は、仏教を尊崇するという意識や信仰心は兼ね備えていたであろう。

真備の仏教へのまなざしを直接的に知る手がかりはないが、娘とも妹と伝える吉備由利が西大寺に納めた写経群の存在から、篤信家の系譜を見いだすのは乱暴なことであろうか。「西大寺資材流記帳」によれば、「大小経律論疏章伝出経録外経等一千二十三部五千二百八十二巻」の多数にのぼる。まさに大蔵経、一切経であった。写経群の奥書には、短く「天平神護二年十月八日正四位下吉備朝臣由利、天朝の奉為に一切経律論疏集伝など写し奉る」とある。天平神護二年十月とは、称徳天皇が完成間近の西大寺への行幸を控えた時期である。

由利は称徳天皇のあつい信頼を得て近侍した経緯から称徳の安泰を願って一切経を書写したのであろう。五千巻という大部の一切経の書写をめぐって、真備一族のもてる富力の大きさを見るのみではなく、その信仰の堅固さと、それが、個人の、あるいは一族の福利を祈るのではなくして、「天朝の奉為」の書写であることに注目すべきであるという(宮田俊彦前掲書)。大部な経典をひたすら写し、その功徳により称徳天皇の為にすというのは、長屋王の「神亀経」の奥書に通じると考えてみたい。

「一切経」の書写とは、仏教的にいえば経典の功徳をひたすら信じるということである。僧の存在によって仏教の功徳を得るのではなく、経典書写の善行によって功徳を得るということである。ここには、僧の立ち入る隙間は見えない。写経は僧の存在しなくとも功徳が得られるのであり、僧と俗の棲み分けを保つべきであるという姿勢もうかがえる。長屋王と吉備真備の仏教観、さらには道慈にも通じる類似性をも見いだしたい。

(三) 真備と官僧

真備の行実が物語るのは、玄昉・行基・良弁、そして道鏡の行実を目の当たりにしたことである。一学者の真備は、おそらく律令的国家仏教としての顔立ちを明確にしてきた奈良仏教の功罪を見聞したであろう。さらに注目すべきは、玄昉という僧籍にある者とともに橘諸兄政権のブレーンになったことである。

玄昉が諸兄政権のブレーンになったということは、律令体制という天皇・貴族層により構成されたサークルの一員に律令的国家仏教が組み込まれたことを意味し、これをも真備は目の当たりにしたのである。その後、玄昉と同様にサークルの一員となったのが、法王として称徳天皇を補佐した道鏡であった。真備は、右大臣として称徳天皇に仕えて、より身近にサークルなかでもがく道鏡の一挙手一投足を見聞したことであろう。

真備の一生を語るということは、単に一人の在地豪族層の出身の学者政治家として、藤原氏に対峙したことだけではなく、普遍的な精神を説くことを第一とし、律令的国家仏教として律令国家を下支えしてきた奈良仏教の本質を知る手がかりにもなる。しかし、その真備も入唐経験で身にまとった唐の先進的な学問・教養をもってしても、藤原氏を中心とした伝統的・因習的に唐から受け継いだとする律令の精神と対立することはできず、朝廷というサークルの中で存在感を十分に主張し発揮し得なかった。

真備は、悪僧でもない高僧でもない奈良仏教者の一群を、天皇のもとにある官人・官僚と同様な官僧にあるべき姿を、今更ではあるが、唐での長き留学体験のもとに理想像を描いていたにちがいない。それだけに、篤信家であっても、真備は、ともにサークルの中にありながら道鏡を下支えはしなかった。ましてや、道鏡を皇位にすえるということは全く考えてもいなかった。この点については、藤原氏と同様の考えであった。真備は、内心では、右大臣として道鏡政権の一翼を担いながらも、仏教者道鏡の行実に対しては批判的であったと思いたい。唐での長期の留学生生活で得た仏教に対する姿勢は、日唐の仏教を比較して仏教のあるべき姿を「愚志」で主張した律師でもあった道慈に親近感を抱いていたのではないか。

道慈は長屋王のサロンに近い場にありながら、僧侶たる者は「方外の士」であるのでけっして俗なる人々と同席してはならず、したくもないとした。

『続紀』天平十六年十月辛丑条には、

> 律師道慈法師卒す。天平元年律師と為る。法師は俗姓額田氏にして、添下郡の人なり。性聡悟にして衆の為に推さる。大宝元年、使に随ひて入唐して、渉く経典を覧、尤も三論に精し。養老二年帰朝す。是の時の釈門の秀でたるは唯法師及び神叡法師の二人のみなり。愚志一巻を著述し僧尼の事を論ず。其の略に曰く、今日本の素緇仏法を行ずることを察するに、軌模全く大唐の道俗聖教の法則に伝ふるに異れり。若し経典に順はば能く国土を護らむ。如し憲章に違はば人民を利せず。一国の仏法をもて万家修善せば、何ぞ虚設を用ゐむ。豈に慎まざらむや。弟子の業を伝ふる者、今にいたるまで絶へず。属大安寺を平城に遷造するときに、法師に勅して其の事を勾当せしむ。法師尤も工巧に妙たり。構作形製、皆其の規模を稟けり。有らゆる匠手、歎服せざるはなし。卒する時、年七十有余。

とあり、道慈は、『愚志』という著作をまとめて日本の仏教と唐代の仏教を比較しつつ、学業を重視しつつ天皇の安泰を常に願うも、天皇・貴族層との関係についてはサークルの外にあるべきであると主張していたとある。

吉備真備は養老元年(七一七)に留学生として遣唐使とともに唐に渡り、天平七年(七三五)に帰国して以来、橘諸兄の補弼の臣下として僧衣の玄昉とともに藤原氏の人々に対峙した。

真備は波乱に満ちた官人生活をへて地方出身として高級官僚の地位をしめるなかで、玄昉、行基、道鏡、加えて道慈、良弁といった奈良仏教を担ってきた僧衣の何某の去就を見てきた。こうした経験があったからであろうか、真備は称徳天皇が人事不省に陥った際に生じた皇位をめぐる藤原氏との一〇〇日間に及ぶ暗闘の際には、巷間では皇位にもっとも近いとうわさされていた道鏡を推すことなく、天武天皇の血を引く文室真人浄三と大市の兄弟をあくまでも推薦した。

真備は、東宮学士という経歴が物語るように称徳天皇とは、藤原氏と異なる関係があった。だが、道鏡は、称徳天皇の帰依を一身に受けるという「交感」に根ざして、僧衣の何某でありながら、大臣禅師、太政大臣禅師、さらには隅寺事件を機としてついには法王へと上り詰めた。真備は、こうした道鏡の補弼の有様に、これまでの貴族層や官人による補弼の様とは全く異なるものであったと評価した。

第二章　行基と聖武天皇

一　行基の知識結と聖武天皇の知識結

(一)　行基の行実

行基とは、はたしてどのような僧侶であろうか。『続紀』天平勝宝元年(七四九)二月丁酉条によると、

大僧正行基和尚遷化す。和尚は薬師寺の僧なり。俗姓は高志氏、和泉国の人なり。和尚は真粋天挺にして、徳範夙に彰る。初め出家せしとき、瑜伽唯識論をよみて即ち其の意を了しぬ。既にして都鄙を周遊して衆生を教化す。道俗、化を慕ひ追従する者、動すれば千を以て数ふ。所行く処和尚来ることを聞けば、巷に居る人なく争ひ来りて礼拝す。器に随ひて誘導し、咸く善に趣かしむ。又、親ら弟子等を率ゐて、諸の要害の処に橋を造り陂を築く。聞見ることの及ぶ所、咸く来りて功を加へ、不日にして成る。百姓今に至るまで其の利を蒙れり。豊桜彦天皇甚だ敬重す。詔して、大僧正の位を授け、並びに四百人の出家を施す。和尚、霊異神験、類に触れて多し。時の人号して行基菩薩と曰ふ。留止る処に皆道場を建つ。其の畿内には凡そ四十九処、諸道にも亦往々にして在り。弟

子相継ぎ皆遺法を守りて、今に至るまで住持す。薨ずる時、年八十・。

とある。これによると、行基は和泉国の渡来系氏族の高志氏の出身で、奈良西ノ京の薬師寺を拠点とする法相宗の僧であったことがわかる。さらに出家した時に、「瑜伽師地論」と「成唯識論」という法相宗の教義書の内容を早々に理解した。

その後の行基の足跡は、平安時代末期に作成された「行基菩薩伝」や「行基年譜」によると、父親の死を機として奈良と大阪の境にある生駒山に母親と暮らし、孝養を尽くすかたわら山林修行を行ったという(図2)。

そして、生駒山中で母の死を看取り、四十歳前半に山を降りて平城京造営などのために上京していた多くの百姓(公民)の窮乏を救うために、大和国に布施屋という救護施設を建設して、本格的な布教活動を行うこととなった。その拠点として、近畿地方に点在したのが、通称、行基四十九院である。

奈良時代では、父や母の喪に服し、母への孝養を尽くすという名目であるならば、薬師寺や興福寺などの官(大)寺に所属していた官僧が、修行のために寺外に出て山林深くに分け入ることが許された。しかし、山里に降りて官(度)僧が人々に仏教の教えをひろめるのは、原則的には許されなかった。それでも行基はこれ以後、大和国や摂津国などの近畿地方の人々に社会事業を通じて仏教を布教して歩いた。

図2　行基像
(奈良市近鉄駅前)

行基が布教に来ると、人々は歓喜し、自分たちの生活の様子に応じて仏教の教えを理解する糸口を行基の言葉の一つ一つから得ていった。行基は、最初から人々に仏教的な教えの理解を求めるのではなく、各地に橋や用水路などを建設し、生活に役立つ功徳をもたらしたのである。そして、その利益を契機として、仏教への信仰に多くの人々を誘ったのである。

行基の布教には、技術力や労働力の結集、時として神罰をもたらす在地の神々に対峙するための心情の強さという物心両面のノウハウの提供があったように思う。

しかし、行基四十歳代の和銅・養老年間（七〇八〜二四）の活動に対して、律令政府は新来の僧尼令などの律令の条文をもって、彼の行動は古代仏教をささえる官僧にはあるまじきものであるとして処罰をうけることとなる。そして、仏教界の綱紀をただすべしとの動きを誘発させた。

例えば、『続紀』養老元年四月壬辰条によれば、

詔して曰く、職を置き能に任ずるは、愚民を教導する所以なり。法を設けて制を立つるは、其れ奸非を禁断するに由る。（略）凡そ僧尼は、寺家に寂居して、教を受け道を伝ふ。令に准じて云く、其れ乞食すること有るは、三綱連署して、午前に鉢を捧げ告げ乞へ。此に因りて更に余物を乞ふこと得ざれと。方今、小僧行基並弟子等、街衢に零畳して、妄に罪福を説き、朋党を合せ構へて、指臂を焚き剝ぎて、歴門仮説して、強ひて余物を乞ふ。詐りて聖道と称して、百姓を妖惑す。道俗擾乱し、四民業を棄つ。進みては釈教に違ひ、退ひては法令を犯す、二つなり。（下略）

とあり、行基は「小僧行基」と蔑称され、薬師寺に所属する官僧でありながら異端の僧侶と評価されてしまった。その後、行基は、平城京をあとにして、郷里の和泉国や摂津国・河内国に活動の舞台を移し、水田の開墾に意を尽すなどした地方豪族とともに橋の架設や用水路の建設などの土木事業をもって、人々に実利的な功徳をもたらしながら布教に励んだ。

元来、古代の仏教者は、僧尼令によって、官寺を出て人々(俗人)に布教を行ってはならないとされていた。官僧は、官寺にあって、ただひたすら国家(みかど＝天皇)のために教学の研鑽や律令政府が主催する法会の実行に励むべしとされていた。これに違反した場合には、その証明書である度縁や戒牒を没収され、還俗の処分をうけ、僧尼としての身分を剝奪されることすらあった。ただ行基は、僧尼令に違反する行動を多々行っていたが、処罰されたかどうかは明確ではない。むしろ、多岐にわたる彼の行動が多くの人々に受け入れられたため、処罰されようがなかったといった方がよいかもしれない。それだけ彼の行動は、人々に多くの影響を与えたということである。

しかし、律令政府は、その評価を改めなければならなくなった。たとえば、『続紀』天平三年(七三一)八月癸未条に、

詔して曰く、比年、行基法師に随逐する優婆塞優婆夷等、法の如く修行する者は、男年六十一已上、女年五十五以上、咸く入道することを聴す。自余の鉢を行路に持する者をは、所由の司に仰せて、厳かに捉搦を加へよ。其れ父母・夫の喪に遇うことあれば、期年以内に修行すること、論ずることなかれと。

とあるように、行基は、「法師」をもって通称され、「小僧」との蔑称と比較すると評価の変化に気づく。そして、彼につきしたがってきた男性六十一歳以上、女性五十五歳以上で、仏道修業に励んできた者に対して、律令政府は優婆塞・優婆夷(在俗の仏道修行者)と呼称し、出家得度して僧尼となる機会を与えている。「塞」は男性、「夷」は女性をさし、彼らは元来、仏教教団を構成する七衆のうちにあり、修行を経た比丘・比丘尼・式叉摩耶・沙弥・沙弥尼に従って仏道修行に励む者たちである。

ただし、行基のような特定の師を仰ぐことなく、税を負担することもなく、時として必要以上の食料や生活物資などの「余物を乞ふ」者と律令政府が認定した仏教者に対しては、私度僧として政府の役人によって指弾された。さらに、「父母夫の喪」という記述からうかがえるように、女性の仏道修行者に限り、喪葬令服紀条の規定に従って一年

間の服喪期間中での仏道修行の専念が認められていた。

行基とその信者（以下、行基集団と称する）は、限定つきではあるが、律令政府によって官寺以外での仏道修行に励むことが許可されたのであった。

男六十一歳以上・女五十五歳以上という年齢は、古代の税制によると、ともに税負担を課せられない人々（これを不課口という）をさしているという。古代においては、人々が出家得度して僧尼となると、租庸調雑徭等の税を免除されていた。それ故に、税の負担をまぬがれようと政府の許可を得ないで私度僧となることもあった。私度僧に対して、自らの信仰的な体験に基づいて出家得度した者を自度僧という。私度僧の増加を放置すれば、律令政府の収入は大幅に減少してしまう。

律令政府は、私度の過度な輩出による税収入の減少を防止する意味から、厳重に僧尼令の規定をもって禁止する措置を展開していった。私度の禁止は税法上の問題だけでなく、僧尼令私度条に、

凡そ私度及び冒名して相ひ代れること有らむ、并せて已に還俗を判れるを、仍し法服被けたらば、律に依りて科断せよ。師主、三綱及び同房の人、情を知れらば各還俗せよ。同房に非ずと雖も、情を知りて容止して、一宿以上経たらば、皆百日苦使。即ち僧尼情を知りて、浮逃の人を居止して、一宿以上経たらば、また百日苦使。本罪重くは、律に依りて論せよ。

とあるように、僧尼ないしは官僧の宗教的な意味での資質の低下を防ぐためでもあったことは言うまでもない。

ただし、女性の場合は、沙弥尼から比丘尼へと階梯を進むのではなく、十八歳から二十歳にかけて式叉摩耶という比丘尼への準備期間があった。この期間に六法戒（不邪淫・不盗・不殺生・不妄語・不飲酒・不非時食）の受持など比丘尼となるためのことさらな修行が求められたのである。

㈡行基の知識結

宗教者としての行基は、和泉・河内の両国をはじめとする畿内各地での布教の実績をもって、また、在地豪族層をはじめとする農民層を造橋・造池・造陂という土木工事へ動員する力をかわれ、天平十五年(七四三)には東大寺大仏造立の勧進職に任ぜられたというのが大方の見解である。そして、前述の薨伝にあるように、時の聖武天皇をして「甚だ敬重したまふ」と言わしめ、天平十七年には大僧正の僧官と四〇〇人の出家得度を希望する者を養成する権利を授与せられた官僧中の官僧としての栄誉を受けることとなった。師僧として弟子をもつことが許されたのである。行基が建立した諸々の道場は四十九カ所にもおよび、弟子がそれらを継承し、護りつづけていると『続紀』は記している。これらの道場に数多くの弟子が集い、行基集団の活動が拡がっていたことを『続紀』の記述からうかがうことができる。

少なくとも、後述するように『続紀』の薨伝をみるかぎり、律令政府の行基に対する宗教者としての評価、ないしは聖武天皇が「甚だ敬重」した理由とは、実利的な社会事業や霊能者的な能力であったとみてよい。

ところで、僧尼令をみると僧尼ことに官僧の行動の監督責任は、僧綱や三綱、師主にあった。養老元年段階の僧綱は、新羅学問僧の経験のある大僧都観成・少僧都弁道・律師観智であった。彼らは、新羅において僧元暁(六一七～八六)の影響を受けた庶民仏教を見聞しており、行基の行状にこれをイメージしたようで、取締りが不徹底であったとの指摘がある(吉田靖雄「行基における三階教および元暁との関係の考察」、吉田一彦「行基と古代法」、北條勝貴「第一次行基集団に対する弾圧の意味―主に関係法令の分析から―」)。そうした彼らだからこそ、行基の行状を正確に評価し、これまでの仏教とは異なる傾向を正確に知りえたので、かえって律令政府の命を受けながらも統制をしぶらざるをえなかったというのである。

また、養老元年四月の詔中の語句と僧尼令の条文との類似性から、行基の活動が徹頭徹尾、僧尼令に対する違反行為として捉えられていることに、まず注目しなければならない。だが、例えば僧尼令三宝物条によれば、

凡そ僧尼、三宝の物を将て、官人に餉り遺り、若しくは朋党を合せ構へ、徒衆を擾乱し、及び三綱を罵り辱しめ、長宿を凌ぎ突けらば、百日苦使。若し集まって事論するに、辞状正直にして、理を以て陳べ諫めむは、此の例に在らず。

とあり、一方、詔中にみる「朋党を合せ」とは、厳密にいうならば行基の布教によって集まった人々が徒党をなし、互いに物心両面の資材を提供しあって信仰活動を行う知識(結)をなしていたということである。一方では「僧」のみ、一方では「僧俗」と、集団の中心やその構成員は相違している。この一点をもって詔中の語句と僧尼令の語句との相違を考えると、律令政府が行基及びその集団の行状を正確に把握していなかったようにも思う。なお、「官人に餉り遺り」してはならないという条文には、僧尼と天皇・貴族という人々とのけじめある関係をもとめてやまなかった様子がうかがえる。それは、行基の集団が律令政府にとって僧俗一体の宗教的運動や集団の出現という新しい事態に、対処しえなかった律令政府の動揺の一端を物語るものであろう。むしろ、彼らの行動を正確に把握していたのは、前述のように新羅僧元暁の活動を目のあたりにした僧綱の人々であったのではないか。それだけに、僧綱としては、行基への監督を充分にする必然性を感じなかったのではないか。だがそれにしても、養老元年の詔中の「道俗擾乱し、四民業を棄つ」の語句は、律令政府が新しい宗教史的な事態を表現した注目すべき語句である。これをもって行基は律令に反する僧侶から律令政府が注目せざるをえない僧侶となったとしたい。

加えて、行基に対する律令政府の評価の変化の背後にあるのは、養老七年(七二三)夏四月の三世一身の法が施行さ

れた土地政策上のこともあったようである。この法は田地が不足したことに対して、律令政府がとった田地の開墾奨励策であった。この法には、荒地を開墾した場合には三世(本人—子—孫、または子—孫—曾孫の二説あり)に限り、六年毎に繰り返される班田収授の適用田地から除外し、継続的に耕作する権利を与え、人々の開墾や耕作意欲を高め、税収入の安定的な供給をはかろうとの目的があったという。これをうけて、諸国の在地豪族層を中心として、田地開墾のための土木技術の必要性が高まってきた。このような状況の中で、行基は、土木技術をもって多くの人々の心を引付けて離さない布教者、信仰生活の指導者としての能力が期待されることとなった。

行基が、仏教者として体得していた治水や灌漑に関わる土木技術を、人々が渇望して止まない状況が到来したということであろう。この意味でも、行基の登場とその社会的な影響力の増大は、律令政府自らがもたらしたものといえよう。このような能力を発揮した行基の様子を記述しているのは、平安時代の末期にまとめられた「行基菩薩伝」や「年譜」等の伝記である。たとえば「年譜」の一節には、

行基五十八歳〈乙丑〉
聖武天皇二年〈神亀二年乙丑〉
久修園院〈山崎〉九月に起つ
河内国交野郡一条内に在り
九月一日彼(諸)弟子を将ゐて杜多(頭陀か)行を修す。山崎川に至り、暇を得ず掩留す。河中に一大(天カ)柱を見る。菩薩、問いて云はく、彼柱、知る人有るやと。或人申して云はく、往昔、老旧尊船大徳、渡る所の柱と云々。大菩薩、発願し、同月十二日よりはじめて山崎橋を度すと云々。天皇帰依したまうと云々。

とある。神亀二年(七二五)に、河内国交野郡(現、大阪府枚方市)に久修園院(四十九院のひとつ・大阪府枚方市・真言律

宗)を創建し、さらに山崎橋を架設したというのである。

山崎橋は、平城京にいたる古代交通の要衝にあるが、かつて「老旧尊大徳」、すなわち行基の師匠である道昭が造ったものであるという伝承もある。それがあるとき、橋脚だけになり、山崎川を渡ることができないのを見て、行基は思い立って九月十二日に架橋工事を実施したという。

こうした行基の布教活動の様子を知って、聖武天皇が行基に帰依することとなったというのである。この記述については、より詳細に検討する余地があるが、行基による土木技術の受けとめられ方の一端を知り得る例といえよう。ちなみに「年譜」には、行基が橋六所(山城二・摂津四)、直道一所(高瀬~生駒)、池十五所(河内一・和泉八・摂津六)、溝六所(河内一・摂津三・和泉二)、樋(導水管)三所(河内三)、船息(港)二所(摂津一・和泉一)、堀四所(摂津三・河内一)、布施屋九所(山城二・摂津三・河内二・和泉二)を設置したとして、行基の布教の足跡が記述されている。その遺跡は、京都府をはじめ大阪府・奈良県・兵庫県に点在している。橋と布施屋的な施設としての寺院とがセットとなっていることで知られているのは、木津川に架かる木津大橋と泉境院(発菩提院・泉橋寺・京都府木津川市・浄土宗)である。橋は、その他に山崎橋(京都府大山崎町)・高瀬大橋(大阪市東淀川区)・長柄大橋・堀江橋が「年譜」に登場している(井上馨『行基』)。

こうした行基の布教のメカニズムは、次第に村々の枠を超えていった。その様は、「行基年譜」などによって知ることができる。それが人々の形成することになった知識結の基盤であった。もちろん、行基が知識頭首となったことはいうまでもない。知識結は物心両面の財を生んだ。それにもかかわらず、近年の行基がもたらした土木をめぐる論議では、物の面のみ先駆的な技術の事例として研究され、心の面への言及が少なくなっている。ましてや、ことさらに現代の社会事業や民間資本の活用の先駆的な事例として行基を軽々に位置づけるのはいかがなものであろうか。

行基の知識結は、こうした財によって、村々の生産力の向上をもたらした。このことは、税収の増大を目論んでいた在地豪族層をはじめとして郡司、さらには国司にとって、最良のメカニズムと評価された。

大仏造立事業と行基との直接的な関係は、律令政府が「知識結」という活動の形式を導入することによって生じたのである。行基と彼の信奉者である優婆夷・優婆塞とが一体となって形成してきた僧俗混淆の行基集団のあり方を律令政府が取り込んだともいえようか。もちろん、その主役は、大仏造立事業の発願者聖武天皇であるとしても、その事業を指導・監督し、造立に必要な経費・資材・労働力は、知識結という信仰集団の協力、すなわち寄付や寄進によってもたらされた知識物である。そのために、その知識結の頭首として、そのノウハウを体現していた行基をリーダーに仰ぐ必要があり、律令政府は行基集団の認知を成し遂げておく必要があった。しかし、行基への評価が改まったのは、本来的に僧尼が体得していた物心両面の能力(学徳)である五明のうちの工巧明(建築・工芸・土木などの技術)だけであったのは言うまでもない。

五明とは、「瑜伽師地論」巻第三八の一節によれば、

是の如き一切の明処の所摂に五明処あり、一には内明処、二には因明処、三には聲明処、四には医方明処、五には工業明処なり。菩薩此の五種の明処に於いて若し正しく勤求すれば則ち一切の明処を勤求すと名づく。

とある。他に、「金光明最勝王経」最浄地陀羅尼品等にも「世間の技術・五明の法」と見える。橋や堤、さらには運河などの築造に必要な知識が、僧尼の学徳として求められていた。しかし、それは、くりかえすが、人々への布教活動にみる財のうちの物の面のみであったということである。しかし、以上の医学をはじめとする諸々の知識・技術は、古代の僧尼にとっては、寺院内外での生活のみならず人々を仏教へ誘う際にも重要なものであった。

行基の大僧正の就任をもって、近現代史の一時期の研究テーマであった転向論の素材の一つとされたように、行基

は、知識結のあるべきメカニズムを変化させて、律令政府に与し信仰的なテーゼをかなぐり捨てたということであろうか。弟子僧の去就を念頭に置くと、僧綱など仏教界の一員となる者と、大和から離れていった者と両様であったことを踏まえるならば、行基自身が自覚するかしないかに関わらず、一部の弟子僧には行基の大僧正就任に拒否反応を起こした者たちがいたといえないか。

㈢　聖武天皇の知識結

元来、律令政府が官寺を造営する場合は、造寺司（例えば造東大寺司）という寺院建設を司る臨時の役所を設置し、僧尼や官人が、政府の財源をもって建設にあたってきた。その一例が天平十三年に企図された国分寺の建設であった。しかし、この事業は停滞することが多々あり、結果的には、大仏造立にならい天平十九年十一月に知識結に準じて在地の郡司層の協力を積極的に導入し建設をうながすこととなった。郡司層や在地豪族層の協力を仰ぐことは、その背後にいる在地の人たちの力に期待することであり、結果的には行基の構想した知識結をもって国分寺の造営をうながすことを意味するものと考える。ただし、協力を仰いだ郡司層に対して、律令政府は「子孫絶ゆることなく郡領司に任ぜん」とあるように、決して宗教的に報いようとはしなかった。これは、大仏造営の場合と全く同一である。

郡司をはじめとする在地豪族層は、「知識物」として建築資材の提供はもとより、資金や労働力をも提供する。そのあらわれが国分寺関連の遺跡から出土する文字瓦である。文字瓦には、建設に必要な資財（知識物ともいえる）を提供（布施）した人々の名前が刻まれている場合がある。

律令政府は、こうした動きに対して、「外従五位下」の官位を授与することで報いた。献物叙位といわれる奈良時代後半から平安初期に顕著に見られる現象である。知識物の寄進という宗教的な行為（善行）に対して天皇の名の下に官位を授与するという世俗的な恩賞をもって応えたのである。こうした現象はこれまでたびたび見られたが、大仏造立を機として顕著となった。まさに超法規的な措置と言わざるを得ない。そして、何よりも注意すべきは、奈良仏教はこの知識結の導入を機として、官寺中心の僧俗の隔離から混淆へと改めることとなった。

大仏造立は、造東大寺司という臨時組織の設置に加えて造立の詔にもあるように、「朕が知識に預かるもの」は、「念を存し」、つまり信仰心をもって、官人に限らず数多の人々が造立のための知識結に参加せよ。そして、「像を助け造らむと情願するもの」は、たとえ「一枝草、一把の土」を提供することでもよいから造立事業に参加してほしいとしている。参加を許された人々の中には「この事に因りて百姓を浸擾して強いて収斂せしむることなかれ」とあるように、農耕に支障をきたさないように心がけつつも、多くの人々の参加を促したのである。大仏造立事業は、いわば僧俗一体、ないしは僧俗混淆しての事業形態(プロジェクト・現代で言う民間資本の導入、民活か)として、いわゆる「国家型」の知識結をもって展開していった。

一方、行基が、こうした律令政府の評価の転換に対して、どのような態度をとったかを知る手がかりはまったくない。ましてや、彼がどのように考えたかは、はかることはできない。ただ、『続紀』天平十五年冬十月乙酉条によると、聖武天皇の紫香楽宮への行幸にあたり、行基を弟子とともに造立事業に「衆庶を勧誘する」とあるので、多少なりとも造立事業の一翼を担った様子がうかがえる。それでも、行基が大仏造立事業にどのように協力したかについて知る手がかりはない。

その功績をもってか、天平十七年正月に、行基は、史上初の僧尼が帯びる地位としては最上である大僧正に任命され、唐への留学経験のある学僧中の学僧玄昉を首班とする僧綱の上位に位置することとなった。ついで、これを機として、僧綱の構成員にも変動があり、首班格の僧正玄昉は、筑紫観世音寺(太宰府市観世音寺・天台宗)の別当に左遷されることとなった。名目的にせよ、行基は奈良仏教界の第一人者となった。

大僧正は、僧綱を構成する僧正・僧都・律師よりも上級であり、行基の任命をもってはじめて日本の仏教界に登場し、名誉職的であったといわれている。その一端を示すのが、行基の死の直後に作成されたと思われる天平二十一年（七四九）三月二十三日銘の「行基大僧正墓誌」（「大僧正舎利瓶記」、以下、「舎利瓶記」と表記する）である。

和上は、法諱法行、一に行基と号す。薬師寺の沙門なり。俗姓高志氏。厥の考の諱は才智にして、字は智法君の長子なり。本は百済の王子王爾の後なり。厥の妣は蜂田首氏にして諱は古爾比売といい、河内国大鳥郡の蜂田虎身の長女なり。近江大津の朝の戊辰の歳、大鳥郡に誕す。飛鳥の朝の壬午の歳、出家して道に帰し、苦行精勤し、誘化して息まず。人は慈悲を仰ぎ、世は菩薩と称す。是を以て天下の蒼生は、上は人主に及ぶまで、塵を望み頂礼せざるはなく、奔り集まりて市の如し。遂に聖朝の崇敬を得て、法侶は帰服す。天平十七年、別して大僧上（正）の任を授け、竝びに百戸の封を施す。時に僧綱は已に備わり、特に其の上に居る。然りと雖も以て懐うところ在らず。勤苦し弥厲む。寿八十二にして、（天平）二十一年二月二日丁酉の夜、右脇にして臥し、正念すること常の如く、奄に右京の菅原寺に終る。二月八日、大倭国平群郡生駒山の東陵に火葬す。是れ遺命に依るなり。弟子の僧景静等は攀号するも及ばず、瞻仰するも見るもの無く、唯だ砕け残れる舎利有るのみなり。然（燃）え尽きて軽き灰となり。故、此の器中に蔵め、以て頂礼の主と為し、彼の山上を界し、以て多宝の塔に慕す。

天平二十一年歳次己丑三月二十三日　沙門真成

とある。その一節に、「聖朝の崇敬を得て、法侶は帰服す。天平十七年、別して大僧正の任を授け、竝びに百戸の封を施す。時に僧綱は已に備わり、特に其の上に居る。然りと雖も以て懐うところ在らず。勤苦し弥厲む。」とある。井上薫氏は、すでにかかげたように、「然り雖も以て懐うところ在らず。勤苦すること弥励厲む。」と訓読している

（井上 薫『行基』）ことに着目したい。「舎利瓶記」の解釈に関わる批判は甘んじて受けるが、私は、あえて行基の心情を強調する意図を込めて、「在懐を以てせず」と訓読したい。それでも問題とすべきは、「懐」にこめられた意味であると思う。「懐」は、「舎利瓶記」の文面を作成したであろう弟子真成の心証の反映であろうが、行基の存念が投影された言葉と考えるべきである。なお、「時に僧綱、已に備われり、特に其の上に居く。」とは、この時点での僧綱の役職者として最高位の僧正には、すでに玄昉が任についていたことを意味している。行基は、聖武天皇の帰依をうけて、大僧正に就任した。しかし、これを潔しとせず、僧正玄昉を凌いで僧綱の職の最高位である大僧正の地位にこだわることなく一介の僧として、益々、修行に励んだと理解したいとの意を強くしているのである。

この「在懐を以てせず」の一文が、唯一、行基の肉声であろうか。師を想う弟子の筆をとおしてであるが、名声や名誉にこだわることなく、ひたすら布教に邁進した行基の姿を彷彿させる記述である。

図3　行基墓誌断片
（奈良国立博物館蔵 ColBase 奈良博 HP より）

ところで、「舎利瓶記」及びその記載の一部を知ることができる奈良国立博物館所蔵の墓誌について、材質の分析にもとづく考察が吉澤悟氏によって進められている（吉澤 悟「行基墓誌断片を考える—東大寺二月堂本尊光背断片との比較から—」）。吉澤氏は、行基墓誌の断片と同時代の作と推定される東大寺二月堂本尊光背の断片を対比しながら、銅製品の質や製品としての出来具合を分析し、行基墓を作った集団やその造営理念にまで言及している。そもそも行基の遺骨を金・銀・銅・石という素材の異なる容器を重ねて奉籠するのは、「大般涅槃経」に説く釈迦の棺のあり様に因むものであった。

吉澤氏によると、行基墓誌の銘文の撰文と刻銘は、別の場所で行われた様子がうかがわれるといい、大規模な分業体制をとりながらも、断片そのものの材質や気泡の多さなどを根拠に、行基墓誌は鋳造技術的には失敗作であり、官営工房の作ではないとしている。大規模な分業体制について吉澤氏は、行基の弟子や土師氏の役割に言及し、遺骨を奉籠していたという銀の舎利瓶は難易度の高い水瓶形であって、官営工房でなければ製作できなかったのではないかとしている。

吉澤氏は天皇をはじめ公的な対応にまで言及するが、墓誌が官営工房作ではないことは、行基の「官僧」たる一面を示すものであるとする。さらに行基の活動は民衆の利益、国家の要望の二極対立的な説明がなされることが少なくないが、単純な民・官の塗り分けが難しいのも実情であるとし、行基の墓所も、官民を問わない「知識」の結集であったのかもしれないとしている。

以上の吉澤氏による行基の活動、ないしは「知識(結)」をめぐる指摘は、これまで写経奥書や文字瓦(大野寺土塔出土瓦)によっていた論議を深化させ、行基の活動を官民の二極対立的ではなく、二極融和的であったことをより鮮明にしたものといえる。従来の知識論の展開に一石を投じるものとなろう。行基型の知識結と国家型の知識結との間には、存外、宗教的・信仰的な隔たりは存在していなかったということである。

行基は奈良の菅原寺(現在の喜光寺・奈良市菅原町、法相宗)において、天平勝宝元年(七四九)二月二日に八十二歳で死去したという。これが、行基伝承寺院などで二月二日を行基忌とする所以である。

菅原寺に隣接する菅原神社は、菅原氏にかかわるものともある(千田 稔『天平の僧行基』)。菅原氏は、かつて土師氏と称していた。土師氏は、陵墓の築造や土師器の製作にあたった土師部を率いた伴造の系譜をひく一族であった。行基とこうした技術者集団の関連を物語る一例とされている。

ところで、行基は、すでに引用したように『続紀』天平勝宝元年(七四九)二月丁酉条によれば、天平勝宝元年に八十二歳で死去した。行基の生年月日を、逆算すると、天智天皇七年(六六八)とするのが大方の見解である。行基は、壬申の乱(六七二年)、大宝律令の制定・施行(七〇二年)、平城京の造営・遷都(七〇八〜一〇年)、三世一身の法(七二三年)、長屋王事件(七二九年)、国分寺造営(七四一年)、そして大仏造営事業の推進(七四三〜九年)、墾田永世私財の法(七四五年)などが相次ぎ、耕地(墾田)の開発や税収の増加が政策的に実施され、文字通り古代国家の完成と繁栄とその矛盾が出現しはじめ、さらには奈良仏教が開花した時代を眼前にしたのであった。さらに、「和尚は薬師寺の僧なり。」との記述で思い起こすのは、単に薬師寺が法相宗の拠点であったということだけではなく、かつて養老年間に行基を指弾したともいう僧綱の所在していた薬師寺所属の官僧として行基が死去したということを意味するのではないか。

ちなみに、死を表記するにあたって「薨」としていることから、これを薨伝と通称している。

行基への評価は、古代国家の変容を物語る政策の変化に振り回されるかのように、めまぐるしく変化した。それは、宗教的な政策にとどまらず土地・社会政策の変化によるものでもあった。行基の一生は、こうした律令政府の渦に巻き込まれたものであった。そして、時の聖武天皇が帰依する僧侶、高僧として尊崇されることとなったのである。仮に「舎利瓶記」にみる「在懐を以てせず」という語句に信をおいたとしても、『続紀』にみる行基は、知識結の「行基型」から「国家型」へと変容したことなどを記述して律令的国家仏教、奈良仏教に対する期待値の変化を語りあげるには最適な僧尼であったことは確かであろう。

二　行基と『霊異記』

㈠『霊異記』にみる行基

行基に関する『霊異記』の研究は、すでに先学によって、委曲を尽くして説明されている。『霊異記』にみる行基像は、敬愛してやまなかった編者景戒が、布教者の理想型として叙述したという。しかし、『霊異記』が編纂された延暦から弘仁年間では、光仁・桓武さらには嵯峨の三天皇の治世のもとにあって、平安王朝にふさわしい仏教界のあり方を措定すべく一連の仏教界の刷新ともいえる仏教政策が実施されていた時期であった。それだけに景戒にとってもこれまでの奈良仏教界のイメージとは異なる仏教界の措定に何らかの関心や違和感により、新たな宗教的な環境への対応を模索していたにちがいない。ともすると、そうした仏教をめぐる新たな体制に対して何らかの姿勢をとろうとしたのではないか。

『霊異記』に行基が登場するのは、上—五、中—二・七・八・一二・二九・三〇である。『霊異記』にみる行基像について書名に関わるかのように『続紀』の薨伝に「霊異神験にして、類に触れて多し」に即した記述であるとしたことがある（拙著『行基伝承を歩く』）。しかし、二・三の事例をみると、必ずしもそれだけでは理解しえない表記があることに気づく。たしかに、中—二九では「凡夫の肉眼には、是れ油の色なれども、聖人の明眼には、見に宍の血を視る。日本の国に於ては、是れ化身の聖なり。隠身の聖なり。」とあり、中—三〇ではその場に居合わせた衆人の口をして「慈有る聖人、何の因縁を以てか、是く告ふこと有る」といぶかるほどの奇異な言葉を発して、ことの本質を見抜くという常人では持ち合わせることのできない六神通のひとつ「天眼通」を発揮するという「霊異神験にして、類に触れて多し」の様をもって主題としている。

また、『続紀』宝亀四年(七七三)十一月辛卯条には、

勅すらく、故大僧正行基法師は、戒行具足して、智徳兼備なり。先代の推仰にして、後生、以て耳目と為す。其の修行の院、惣て四十余処、或は先朝の日、施入の田有り、或は本より田園有りて、供養済すことを得たり。但、其の六院は、未だ施の例に預らず、茲に由りて、法蔵湮廃して、復往持する徒無く、精舎荒涼して、空しく坐禅の跡を余す。道を弘むること人に由れり。実に奨励すべし。宜しく大和国の菩提・登美・生馬、河内国の石凝、和泉国の高渚の五院に、各の当郡の田三町捨すべし。河内国の山崎院には二町。冀はくは真筌の秘典、永く東流に洽く、金輪の宝位、恒に北極に斉しくして、風雨時に順ひ、年穀豊稔ならむことをと。

とあり、宝亀年間の行基の再評価を物語る「戒行具足にして、智徳兼備なり」という記述を持った第二の薨伝の存在を考え合わせると、単純に「霊異神験にして、類に触れて多し」のみで『霊異記』にみる行基についての記述がなされたとは考えられない。それをうかがうことができる事例として、中—二には、

禅師信厳は、和泉の国泉の郡の大領血沼県主倭麻呂なり。聖武天皇の御世の人なり。此の大領の家の門に大樹有り、烏、巣を作り児を産み、抱きて臥す。雄の烏、遐迩飛び行き食を求め、児を抱ける妻を養ふ。食を求めて行ける頃、他の烏遞に来たりて婚ぶ。今の夫に奸み婚びて、心に就きて共に高く空に翥り、北を指して飛び、児を棄て睠みず。時に先の夫の烏、食物を哺み持ち来たりて、見れば妻の烏なし。時に児を慈び抱きて臥し、食物を求めずして数の日を経たり。大領見て、人をして樹に登らせて其の巣を見使むるに、児を抱きて死す。大領見て、大きに悲しび、心に愍び、烏の邪婬を視て、世を厭ひ家を出で、妻子を離れ、官位を捨て、行基大徳に随ひ

て、善を修し道を求む。名を信厳と曰ふ。但要り語りて曰く「大徳と倶に死に、必ず当に同しく西方に往生すべし」といふ。大領の妻も亦血沼県主なり。大領捨つれば、終に他の心なく、心に慎みて貞潔なり。爰に男子、病を得て命終はる時に臨みて、母に白して言はく「母の乳を飲まば、我が命を延ぶ応し」といふ。母、子の言に随ひ、乳を病める子に飲ま令む。子飲みて歎きて言はく「噫呼母の甜き乳を捨てて我死なむか」といひて、即ち命終はる。然して大領の妻、死にし子に恋ひ、同しく共に家を出で、善法を修し習ひき。信厳禅師、幸なく縁少なく、行基大徳より先に命終はりき。大徳哭き詠ひ、歌を作りて曰く、

　烏といふ大をそ烏の言をのみ共にといひて先だち去ぬる

夫れ火の烘え将とする時は、先づ蘭松を備け、雨降らむとする時には、兼ねて石坂を潤す。烏の鄙なる事を示て、領、道心を発す。先善の方便に、苦を見、道を悟るといふは、其れ斯れを謂ふなり。欲界雑類の鄙なる行是の如し。厭ふ者は背き、愚なる者は貪る。賛に曰く、可しくあるかな、血沼県主の氏、烏の邪婬を瞰て、俗塵を厭ひ、浮花の仮なる趣に背き、常に身を浄めて善を勤修し、惠命を祈ひ、心に安養の期を尅み、是の世間を解脱す。土を厭ふに異に秀れにたる者なり。

とあり、行基は、弟子信厳の真摯な仏教へと不邪淫戒をもって作善行に励み修行に明け暮れた信厳の生涯を賞賛している。しかし、信厳は行基に先立ち死去してしまった。これについて、行基は、

　烏といふ大をそ烏の言をのみ共にといひて先だち去ぬる

と和歌に哀悼を込めている。

　さらに、中―八では、

置染臣鯛女は、奈良の京の富の尼寺の上座の尼法迹が女なり。道心純熟にして、初婬犯さず。常に懃めて菜を採

りて、一日も闕かず、行基大徳に供侍へ奉る。山に入りて菜を採り、見れば大きなる蛇、大きなる蝦を飲めり。大きなる蛇に誂へて曰く「是の蝦を我に免せ」といふ。免さずして猶飲む。亦誂へて曰く「我、汝が妻と作らむが故に、幸に吾に免せ」といふ。大きなる蛇聞きて、高く頭を捧げて女の面を瞻、蝦を吐きて放つ。女、蛇に期りて曰く「今日より七日を経て来よ」といふ。然して期りし日に到り、屋を閉ぢ穴を塞ぎ、身を堅めて内に居るに、誠に期りしが如く来り、尾を以て壁を拍つ。女恐りて明日大徳に白す。大徳生馬の山寺に住み在す。告げて言はく「汝免るること得ず。唯堅く戒を受けよ」といふ。乃ち全く三帰五戒を受持し、然して還り来る。道に知らぬ老人、大きなる蟹を以て逢ふ。問ふ「誰が老ぞ。乞ふ、蟹を吾に免せ」といふ。老答ふらく「我は摂津の国兎原の郡の人、画問迩麻呂、年七十八にして、子息なく、命を活ふに便なし。難波に往きて偶に此の蟹を得たり。但期りし人有るが故に、汝に免さず」といふ。女、衣を脱ぎて贖ふに、猶免可さず。復裳を脱ぎて贖ふに、老乃ち免しつ。然して蟹を持ち、更に返りて、大徳を勧請し、咒願して放つ。大徳歎じて言はく「貴きかな、善きかな」といふ。彼の八日の夜、又其の蛇来り、屋の頂に登り、草を抜きて入る。女悚ぢ慄る。唯床の前に跳り爆く音有り。明日見れば一つの大きなる蟹有りて、彼の大きなる蛇条然に段切れたり。乃ち知る、贖ひ放てる蟹の、恩を報ずるなり、并せて戒を受くる力なることを。虚実を知らむと欲ひ、耆老の姓名を問へども、遂になし。定めて委る、耆は是れ聖の化なることを。斯れ奇異しき事なり。

とあり置染臣鯛女という弟子に蛇がもたらそうとしている災難に対して、「汝免るること得ず。唯堅く戒を受けよ」と告げて三帰(帰依仏・帰依法・帰依僧)五戒(不殺生・不偸盗・不邪淫・不妄語・不飲酒)を授けたのである。その功徳により、鯛女は、無事、蛇がもたらした災難から逃れることができた。そして、それがまさに「あはせて戒を受くる力なることを。虚実を知らむと欲ひ、耆老の姓名を問へども、遂になし。定めて委る、耆は是れ聖の化なることを。斯れ奇異しき事なり。」と結ばれ、行基の教化の賜であるとしている。いわば、持戒の功徳を説く内容となっている。

続いて、中―一二をみると、

山背の国紀伊の郡の部内に、一の女人有り。姓名未だ詳ならず。天年慈の心賾く、因果を信け、五戒十善を受持し、生物を殺さず。聖武天皇のみ代に、彼の里の牧牛の村童、山川に蟹を八つ取りて、焼き食はむとす。是の女見て、牧牛に勧めて曰く「幸に願はくは此の蟹を我に免せ」といふ。童男辞びて聴かずして曰く「猶焼き噉はむ」といふ。慇に誂へ乞ひ、衣を脱ぎて買ふ。童男等乃ち免しつ。義禅師を勧請し、咒願せ令めて放生す。然して後に、山に入りて見れば、大きなる蛇、大きなる蝦を飲む。大きなる蛇に誂へて言はく「是の蝦を我に免せ。多の幣帛を賂し奉らむ」といふ。蛇聴し答へず。女、幣帛を募りて、祷して曰く「汝を神と為て祀らむ。幸に乞はくは我に免せ」といふ。聴さずして猶飲む。又蛇に語りて言はく「此の蝦に替へて、吾を妻とせよ。故、乞はくは我に免せ」といふ。蛇乃ち聴し、高く頭頚を捧げて、女の面を瞻、蝦を吐きて放つ。女、蛇に期りて言はく「今日より七日を経て来れ」といふ。然して父母に白して、具に蛇の状を陳ぶ。父母愁へて言はく「汝は了に唯一子、何に誑ひ託へるが故に、能はぬ語を作せる」といふ。時に行基大徳、紀伊の郡の深長寺に有り。往きて事の状を白す。大徳聞きて曰く「烏呼量り難き語なり。唯能く三宝を信けむのみ」といふ。教を奉りて家に帰り、期りし日の夜に当り、屋を閉ぢ、身を堅め、種々発願して三宝を信く。蛇、屋を繞りて蜿転腹行し、尾を以て壁を打ち、屋の頂に登り、草を咋ひ抜き開き、女の前に落つ。然りと雖も、蛇、女の身に就かず。唯爆く音有り、跳り齰み齧ふが如し。明日見れば、大蟹八つ集り、彼の蛇条然に揃り段切らる。乃ち知る、贖ひ放ちし蟹の、恩を報ぜしことを。悟なき虫だに、猶恩を受くれば恩を返報す。豈人にして恩を忘る応からむや。此より已後、山背の国に、山川の大蟹を貴び、善を為して放生するなり。

とあり、中―八と同様に蛇の災難に苦しむ「山背の国紀伊の郡の部内」の女性の弟子が登場する。弟子は、常日頃、「天年慈の心賾く、因果を信け、五戒十善を受持し、生物を殺さず。」という生活を過ごしていた。五戒十善(不殺生・不偸盗・不邪淫・不妄語・不綺語・不悪口・不両舌・不貪欲・不瞋恚・不邪見)という在家者が守るべき戒律をまもり、不殺生戒を実践していたという。ところが、ある日蛇が蝦を飲み込もうとしている場に遭遇し、蛇の災難に遭遇することとなってしまった。これに対して行基は、「烏呼量り難き語なり。唯能く三宝を信けむのみ」と教え諭し、三宝への帰依を促すのみであった。弟子は、これを受けて、「教を奉りて家に帰り、期りし日の夜に当り、屋を閉ぢ、身を堅め、種々発願して三宝を信く。」の日々に徹し、ひたすら災難の過ぎゆくのを待った。そして、かつて自らの手で命を永らえさせた蝦による報恩によって、無事災難から逃れることができた。ここでも、行基は、持戒清浄の日々の暮らしぶりを一層推し進めることを弟子に求めている。そうすれば、持戒の功徳により災難から逃れられるであろうという。それは、中―八と同様に持戒の勧めであり、自らの霊異の行使に依る救済ではなく、弟子自らの持戒作善による救済を説く師僧の姿である。

つまり、『霊異記』中―二・八・一二の三説話にみる行基は、中―二九・三〇のように烏や蛇などの自然の生きものに接する人々が仏教に誘われていく姿を描いているのではなく、弟子(僧)の戒律受持という、いわば自助努力を促す師僧としての姿であり、それをもって評価されているといえる。

『霊異記』にみる行基像は、単に「霊異神験」ではなく、宝亀年間の「戒行具足、智徳兼備」、ないしは朝枝善照氏が指摘するように「清浄持戒、看病利生」という行基への評価点に通ずるものであった(朝枝善照『平安初期佛教史研究』)。『霊異記』には、二つの行基像が併存しているというべきであろうか。

いずれにしても、人々に説いた教えの内容を知ることができ、『霊異記』に最も多く登場するのが行基であり、それらは行基関連説話と称され、文学はもとより歴史学・宗教学などの研究材料となってきた。しかし、多出するからといって、それらをもって行基像を抽出・造形するのは早計である。『霊異記』の編者景戒は、南都七大寺の一つ薬師寺に所属する官僧として行基への人々の帰依の様子を語り上げることによって、自らの仏教論(ないしは仏教者論)を展開しようとしたことも忘れるべきではない。行基の存在は、景戒にとって大であったのである。

(二) 行基と蛇

行基が人々に提供した仏教のありがたさや律令国家が行基を承認・公認することとなったのは何故であろうか。行基を頭首とする知識結がもたらす利益は、技術力や労働力の結集といった物質面だけではなく信仰・精神的な側面も存在していたのではないか。これについては、便宜上、生産構造・関係(下部構造)が人々の精神・信仰(上部構造)のあり方を規定するという枠組みにしたがい、社会階級ないしは階層によって、利益への対応が相違するという視点に立脚する。

日本の神々及び神観念に関する研究は、その始原を稲作主体の農耕社会としていることに問題がある。稲作は原則的には中国大陸から伝来したものであり、これをもってアジア的生産様式の開始とし、考古学的には弥生・古墳時代に該当するとの見解もある。

一般的に縄文時代は、狩猟採取経済を基盤として旧石器時代を措定し生産様式なり生産構造は原則として非定住・移動型であるのに対して、弥生時代は農業生産のもと人々は定住型生活の様式であり、農耕がもたらす生産の豊凶による精神・信仰の構造は縄文時代と異なると言われている。宗教学ではアニミズム・ナチュリズム・シャーマニズム、そして、トーテミズムなどの学術用語を駆使しての多様な見解がある。

天皇を中心とした中央集権的な権力構造の構築は、通説として、氏族社会から律令社会への移行であるが、それにともなって、在地の人々が農耕(主に稲作)の豊凶を祈った神をも天皇が奉斎する神への臣従の強要をともなうとされている。天皇・貴族層が主として祭祀する神のもとに、在地の神々を系列化するということを意味するのであろう。

しかし、原田敏明氏の指摘を念頭におくならば、神以前には、稲作伝来以前の精神体系に支えられていたカミを措定すべきである(原田敏明『日本古代の信仰と社会』)。漢字をもってする神は稲という渡来作物とともに新たな精神文化体系としての中国文明(言語としての漢字、宗教・哲学としての儒教・道教)、さらには中国大陸経由ではあるが、インドの文明としての仏教の流入以降、人々がそれらの文明に接した結果、他律的にカミが漢字化され、自覚化されたものとすべきである。ここに、神仏の交渉から習合の前史を見いだすべきであると思う。

しかし、これまでの神仏習合の研究は他律的に自覚化された神と仏の交渉関係を起点とし、たとえ精粗はあるにしても、カミとホトケ、神道と仏教の二つの体系化された宗教間の関係史を論ずるものであった。こうした研究動向が、本居宣長を代表とするように漢意をもってする新来の中国文明を除去することによって対抗概念として神・神祇信仰、さらには神道を措定し、これが日本人の精神的・信仰的な祖型や中核・根底に存在するものとして見いだしうるとする、今日に至るまでの暗黙の了解が存在してしまっている。

稲作伝来前後の精神的・信仰的な祖型を遡及するような試み、ないしは、神仏の交渉・習合は、日本列島を場とするだけではなく、照葉樹林帯などの用語をもって他地域でも同様に存在することは承知している。日本列島では、仏教伝来以後、神仏関係は平安中期に至るまで、交渉と習合を経て本地垂迹説なる用語をもって完結し、後年大系化された神道が成立するというカタチでの多くの研究成果が存在することは承知している(吉田一彦「多度神宮寺と神仏習合―中国の神仏習合思想の受容をめぐって―」など)。

行基が対峙したのは、以上のような中央の神と在地に所在する神をめぐる宗教的な緊張感であった。これに関連して想起すべきは、古代の村々は、石母田正氏が指摘するようにに稲作を主体とするアジア的生産様式なり共同体を基礎とする個別分散的な村落共同体であったという指摘である（石母田正『日本古代国家論』第一部）。

行基は、平城京から村々に布教を拡大することによって、人々に本来的に存在する精神的な紐帯から個別的に離脱させ、行基を中心とする精神的信仰的な共同体（これが知識結であろう）に参画させたことが大きかったように思う。例えば、行基による一連の土木工事には、山や大石をけずり、森を切り開き、川を開削することは、共同体的な多くの労働力を吸引する必要があり、同時に在地の神々の世界に踏み入ることでもあった。神々は、蛇の姿などをして人々の生活を脅かす。当然、行基は土木工事を推進するためには、恐るべき神々に対峙するカミを人々に与えるなどして、人々の不安に対応する必要に迫られる。

こうしたことを物語る事例として、『霊異記』には、蛇が登場する説話が五例ある。特にすでに掲げた中―八によれば、「奈良の京の富の尼寺」とは、「行基年譜」によれば行基が六十四歳の時に建立した隆福尼院（大和国添下郡登美村所在。一説では、奈良市大和田町に所在する滝寺跡とも）のことで、上座とは尼院の役僧を意味する。主人公の置染臣鯛女は、上座の娘と言うことであれば、いわゆる行基集団に母子二代での参画、いや行基の弟子と言うこととなる。鯛女は、行基が住まう「生駒の山寺」、後の竹林寺（奈良県生駒市有里町所在）に足繁く通う真摯な弟子であったようである。行基は、鯛女に山中で遭遇した蛇と身を捨てる約束に困惑し、唯々戸惑う弟子に対して「汝免るること得ず。唯堅く戒を受けよ」と教えさとし、三帰五戒の受持、すなわち持戒清浄の生活をもって、この難を回避させたという。

同様の事例が、中―一二である。これによれば、「山背の国紀伊の郡の部内」（現在の京都市南部）に住む一女性は、「天年慈の心賾く、因果を信け、五戒十善を受持し、生物を殺さず。」という在家の仏道修行者として持戒清浄を堅持していたが、中―八と同様に蛇との、異類婚に困惑し解決策を深長寺（山城国に所在していた深草寺か）に滞在していた行基に求めた。行基はすぐさま、「烏呼量り難き語なり。唯能く三宝を信けむのみ」と示教し、鯛女と同様の生活をおくることを求めて、蛇による難から救った。二つの説話に共通するのは、置染臣鯛女など二人の女性の信者は日頃から行基を慕っていた。そして、二人は同様の体験をした。二人は蛇に飲まれそうになった蛙を婚姻の約束を交換条件としてすくった。ついで、牛飼や旅人に食べられそうになった蟹を買い取り、解き放った（いわゆる放生である）。その後、蛇との婚姻の期日に蛇が各々の女性の信者の住まいにやってきたが、蟹がかつて受けた恩を返すがごとく、蛇に立ち向かい撃退したということである。これが、蛇報恩、ことに蟹報恩譚とされている説話のあらすじである。

図4　敏満寺門前（京都府木津川市）

以上の二説話は、蟹満寺（京都府木津川市山城町・真言宗智山派）の草創伝承の原型ともいわれる。中―八に登場するのは、置染臣鯛女という持戒清浄の生馬（生駒）竹林寺の行基の女性信者と山にいる蛇、その蛇に食われようとして清浄と「薬師経」を典拠とする放生の利益譚、さらには、某かの聖者よる信仰心の試しである。蛇は、山にいるカミ（雷神とも）の象徴として登場させている（図4）。

さらに行基は、置染臣鯛女という行基集団の一員とおぼしき一女性が、「大きなる蛇」との約束におびえる姿に対して、「汝免るること得ず。唯堅く戒を受けよ」とのみ説法して、結果として難を逃れさせている。蛇は、土地神、水神とも寓意され、在地の神々を象徴するものであるという。その神に対して放生の功徳を象徴する蟹が、鯛女への報恩を行ったというのが本話の趣旨である。もちろん報恩をもたらす契機となったのは、行基の説法によることは自明であるが、これこそ行基が蛇という在地のカミと対峙するうえでの必要な力を人々に授けていた様子を物語るのではないか。

『霊異記』には、蛇に関する説話は、上―三・三〇、中―三八・四一、さらには、下巻序のように、邪鬼にとらわれた人だけが危険をわすれて毒蛇を抱えることができるという説話に登場する。しかし、中―八にみる蛇を在地の神々の象徴とし、蛙や蟹を在地の人々を象徴するものとして想定して、改めて読み直すとどのようなことが言い得るであろう。自然が擁する在地の神々は、農耕の豊凶をもたらすなどして人々の生活を善悪に左右する。これに対して、人々は祈雨儀礼を行うなどして、在地の神々に祈ることにより生活の安寧を求めるのが常であった。祈りながら、時として灌漑のための池や水路の造成には、たとえ耕作の向上のためとはいえ、自然を加工し破壊につながることに着手した。それでも、神々の「いかり」や「たたり」を引き起こしたであろう。人々にとっては、神々は「おそれ」であった。神仏習合に関わる説話史料である「蟹報恩譚」を、この脈絡のなかで意読するといかがであろうか。

行基が発する一言一句は、神々への「おそれ」や「たたり」を克服する手立てとなりえたのではないか。その結果、人々には、自然を加工し克服する精神的・信仰的な力となり、豊作をもたらす農耕の環境が造成され、これまで以上の増産がもたらされ、生活が豊かになったことは、想像に難くない。「戒を受くる力なること」とある表記を見るならば、まさに善行(仏道修行)のなせる結果である。持戒清浄は、神々に対峙する力であったということである。

こうした蛇の脅威について、ちなみに、「常陸国風土記」行方郡条の一節に、

古老のいへらく、石村の玉穂の宮に大八洲馭しめしし天皇のみ世、人あり。箭括の氏の麻多智、郡より西の谷の葦原を截ひ、墾開きて新に田に治りき。此の時、夜刀の神、相群れ引率て、悉尽に到来たり、左右に防障へて、

耕佃らしむることなし。俗いはく、蛇を謂ひて夜刀の神と為す。其の形は、蛇の身にして頭に角あり。率引て難を免るる時、見る人あらば、家門を破滅し、子孫継がず。凡て、此の郡の側の郊原に甚多に住めり。是に、麻多智、大きに怒の情を起こし、甲鎧を着被けて、自身仗を執り、打殺し駈逐らひき。乃ち、山口に至り、標の梲を堺の堀に置て、夜刀の神に告げていひしく、「此より上は神の地と為すことを聴さむ。此より下は人の田と作すべし。今より後、吾、神の祝と為りて、永代に敬ひ祭らむ。冀はくは、な祟りそ、な恨みそ」といひて、社を設けて、初めて祭りき、といへり。即ち、還、耕田一十町余を発して、麻多智の子孫、相承けて祭を致し、今に至るまで絶えず。

とある記述ではないが、在地に住まう神は時には蛇の姿となって人々の生活を脅かす。ここでは、石村の玉穂の宮に大八洲馭しめしし天皇のみ世、つまり継体天皇の時代の事として、古老が言うには、常陸国行方郡（茨城県行方市周辺）の人、箭括氏麻多智が田畠を開墾したところ、蛇の身となった夜刀の神がこれを妨害したという。

夜刀の神は、この害から逃れる際に振り返り見ると、一族もろともに滅びるという恐ろしい神であるという。麻多智は果敢にも武器を執り、夜刀の神を打ち払うだけではなく、祟りをなくすべく、自らが神主となり夜刀の神を祭った。これによって子々孫々、開墾した田畠を継承したと言う。こうした夜刀の神と在地の人々との、ともすると住み分けをともなう駆け引きは、「難波の長柄の豊前の大宮に臨軒しめしし天皇のみ世」、すなわち孝徳天皇の時代にも壬生連麿との間でもあった。これらに通じるのは、中央政府、ないしは律令政府による地方への威信（「風土記」では皇化とも表記している）の拡大の成果を顕彰する意図があるのは明白である（神尾登喜子「祟る神―夜刀の神から三輪の神―」、多田一臣「夜刀神説話を読む」）。

『続紀』和銅六年（七一三）五月甲子条によれば、

畿内七道諸国の郡・郷の名は、好き字を着けよ。その郡の内に生ずる銀・銅・彩色・草・木・禽・獣・魚・虫等の物は、具に式目を録せしむ。及び土地の沃塉、山川原野の名号の所由、又古老の相伝せし旧聞・異事は、史籍に載せて言上すべしと。

とあるように、各国の産出物や地味などの景観、さらには地域の古老の間で受け継がれてきた口碑や伝承をとりまとめて政府に提出を求めるために編纂された「風土記」としては、当然の記述であろう。力(俗なる天皇の権威)をもって力(聖なる在地の神)を制すという世界を示している。これに対して、『霊異記』の中―八、一二二説話では、持戒清浄をもってする力(仏教による聖)をもって力(聖なる在地の神)を制していた。

行基による社会事業の一環として池・堤・橋など土木工事には、人々の生活に危害を及ぼす在地に跋扈する小さな神々がつきまとっていることを想起すべきである。行基が社会事業を展開することによって、こうした神々がもたらす現象は、諸所で発生し、それらがともすると行基の社会事業、ひいては土木工事の進捗をさまたげていた。在地豪族や国衙、さらには律令政府にとってもこうしたことは生産力の向上(租税徴収の円滑化をも意味していた)のためには常に解決に迫られていたにもかかわらず、小さな神々に対峙するすべを持ち合わせていなかった。ことに小さな神々を自らの共同体の維持に不可欠とした在地豪族にとってはなおさらであった。恐れの対象ともなった小さな神々に対して仏教者である行基は、山林修行で培った験力や師の道昭から受け継いだ在地の神々への仏教的・精神的な対症療法をもって、いわゆるミクロ的な神仏交渉を実践し、トラブルを一つ一つ丹念に解決して行基流の神仏習合への道筋を形成していったように思う。その実践の様子こそが、『霊異記』中―八や一二をはじめとする行基関係説話群であったように思う。

従来、行基による社会事業について、在地の人々に仏教者の素養である五明の一つ工巧明という技術的なスキルやハードウェアの提供をもって、生産力の向上や生活の改善に寄与し、行基への信仰的な吸引力の源泉として、さらにこれによって知識集団の形成の拡大をはかってきたとされてきた。そこにみる記述内容や傾向は、いわゆる技術史や土木工事史における行基の位置づけが主であったように思う。しかし、即物的な側面だけではなく信仰的・精神的な側面やソフトウェアの提供も見逃すべきではないと思う。

すなわち、『霊異記』中―八と一二の二説話の意味することは、行基ないしは行基集団による土木工事がもたらす自然への働きかけ、さらには現代的には生態系の変化にともなうカミへの働きかけの様子を物語るのではないか。行基集団による土木工事を主体とする社会事業には、単に技術的な側面という物だけではなく、在地のカミとの軋轢がしばしばおこり、これに対する信仰的・宗教的な処方箋としての心を行基は提供していたのであろう。これによって、在地の人々は、おそれを主とする伝統的な神観念から解放され土木工事に積極的に参加できるようになったのである。これが、行基による知識結に人々が結集する一つの要素であったと思う。

山野の大改造をともなう土木工事を推進し、生産力の向上に必死であった天皇・貴族層、さらには在地豪族の目には、行基集団が人々に提供した財は、実は魅力的なシステムと映ったのでないか。

(三) 知識結と自然

魅力的なシステムをめぐって想起すべきなのが、天平十五年十月に発せられた大仏造立の詔である。大仏造立のための行基を頭首とする知識結に聖武天皇が参画するということは、人々を租税収取の基礎をなす村落共同体から普遍的な価値基準を内包する仏教という精神的・信仰的な共同体への鞍替えを意味する。大仏造立のための新たな収取体制を模索していた律令政府にとって、行基を頭首とする知識結は、必要な人的・物的な資材の調達を可能とする良質な支配体制構築のメカニズムと映ったにちがいない。

ここに至り、人々が奉じる村落共同体の神と行基いや、聖武天皇が信奉する仏は交流交渉の段階から混淆を経て、両者のシステム統合なり序列化なり、重層的な関係性の構築が開始されたといえよう。そのことを物語るのが、行基の処遇をめぐる弾圧と公認であった。少なくとも官僚・知識人、さらに天皇はそのように思ったのではないか。

こうしたことを翻ってみるならば、国家やそのもとで直接的に行政に携わっていた国司や郡司は行基の布教の効用の様をどのように評価したであろうか。水田開発による稲作の増産は、古代の税の一種である租の収取の安定的な確保に通じる。恒常的に税の安定的な確保に苦慮していた為政者にとっては、この上のないメカニズムと見たであろう。行基は、為政者にとって善なるものをもたらす仏教者となった所以がここにあったように思う。

鰥女一人だけではなく、行基は畿内の各地で知識結の頭首として、眼前の「飢え」に苦しむ多くの人々に、生活を豊かにするために水田開発など「増産」の術を布教していた。養老年間には、文字通り僧尼令という宗教法違反に問われていたが、天平年間に至っては、この「増産」のメカニズムに目をつけた為政者は、行基の評価を次第に変化させていった。行基の人々を救済してやまない布教活動は、為政者にとっては「善行」となった。

増産は、自然の加工によってもたらされた。これは、現代的に言えば自然破壊を誘発したであろう。行基は、日本で最初に自然を加工する、ないしは自然破壊のメカニズムに精神的・信仰的な大義名分を人々にもたらした宗教者であると言うことである。それは、巨大なブルドーザーに代表される土木作業機械であり、現代的にいえば公共事業の主な担い手であるデベロッパーのように、自然と自然の背後にある文化的・宗教的・信仰的な理念・世界観によって加工することを意味しよう。

律令政府の政策を地方にあって実現することを求められていた国司や郡司、さらには在地豪族層にとっては、いかがであったろうか。ここにも行基の在地での活動・布教への評価を転換させる論理を見いだすのは筆者だけであろうか。行基は、物心両面におけるメカニズムの変化を人々にもたらしたといえよう。

歴史上の人物の評価は、時代の変化にともなうものであるということは心得ているつもりである。行基は、今日に至るまで、高僧名僧の一人となっているが、現代の自然破壊や気候の温暖化という自然環境の変化のメカニズムへの関心の高まりという時代状況をふまえると、あながち明にして善なる僧というよりも暗にして悪なる僧の嚆矢であったともいえるのではないか。

天平期の僧行基は、眼前の人々の救済をすべてとしていたがために、為政者の評価点について、「在懐を以て」しなかったのだろうか。ましてや、『続紀』などにうかがえるように、行基の率いる知識結のメカニズムをもって、行基は頭首に任ぜられるなどして関与した。このことにより、大仏造立が加速度的に進捗していったことに、行基はどのような思いを巡らしたであろうか。

天皇と貴族層は、行基を公認することによって、行基による知識結が個を前提とするものから国司・郡司主導のもとで、郡単位など既存の村落共同体単位で知識衆を編成しなおし、伝統的な村落秩序の動揺や崩壊を防禦した。いわば行基的知識結を聖武天皇と光明皇后が中心(願主)となり律令政府という国家体制ないしは官僚体制が運用し、さらに国司・郡司が実際に物心両面の知識物として、大仏造立という国家的プロジェクトに必要な新たな資財や労働力を収取するという国家型知識結を創出したのであった。

律令政府による「行基型」の知識結の是認は、「天下の勢、天下の富」を我がものに収斂させ支配するためであって、決して個を基盤とした行基仏教への承認や理解の結果ではなかった。その意味では、行基が目指したでもあろう神と仏の交渉、さらには神仏習合は、精神的・信仰的な要請にもとづくものではなく、天皇・貴族層が目論んだ新たな収取・支配体系の構築のために大きく変更させられた。それを裏付けるのが、知識結に参画した人々への報謝としての外従五位下の授位であった。

知識結という信仰的なメカニズムは、本来的には宗教的な交換をもってすべきであったにも関わらず、天皇をはじめとする律令政府は官位の授与・上昇という世俗的な対処にとどまった。宗教的信仰的には、行基集団を主な構成員とする知識衆と願主である聖武天皇とは結びついていなかったのである。

一方の仏教界は大仏造立の完成を名目とするも、このことにより自らの社会的な存在感をより確かなものにすべく律令政府の目論みに迎合したに過ぎないと思う。その意味では、行基の信仰活動は、シンボル的な意味でしかなかったといえよう。行基は、はたしてこうした側面を知り得ていたのか。「舎利瓶記」にあるように、このことも「在懐を以てせず」であったのであろうか。

行基を通じて、改めて神仏習合論を思い返すと、例えば、宗教学的に言及されているシンクレティズム等の一例ではなく、結局は天皇・貴族層が画策した政治構造の改変の方便に行基的知識結を国家的なそれに転換させたものといえないか。このことに対して在地の人々の精神的信仰的世界には、集団性から個別性への変化などにおいてどれほどのリアリティが存在していたであろうか。論証は困難であるが、今後の課題の一つとしたい。

すなわち、行基は、「在懐を以てせず」ままに、神と仏の交渉から習合、そして、その論理化・実践化を果たし、在地豪族層がまつる神々の世界を天皇がまつる神(天照大神)に結束させて人心の結集を図るモデルを提示してしまったのではないか。このことによって、天皇を中心とした中央集権化の促進を精神的・宗教的に実現するモデル的なメカニズムを、天皇ないしは藤原氏に提供した。岸　俊男・堀　裕の両氏の指摘に従うならば、天皇観・皇室観の再構築を実現することに与したのではないか(岸俊男「天皇と出家」、堀　裕「盧舎那如来と法王道鏡─仏教からみた統治権の正当性─」)。こうしたことが行基が善僧の典型とされた所以ではないかと思う。

行基をめぐる仏教史的な環境について、家永三郎氏は日本仏教の政治性の諸様体を三種に大別し、その形成要因と歴史的意義を日本仏教の発展過程をめぐって考察している（家永三郎「日本仏教の政治性」）。三類型とは、

（イ）仏教が政治権力と癒着し、民族宗教と等質にちかい機能を演じたケース。

（ロ）仏教が政治権力と絶縁し、政治と関係のない領域で活動したケース。

（ハ）仏教が政治権力に対し独立の立場に立ちながら、政治権力に対し積極的または消極的な志向を示したケース。

としている。この分類は、人民との関係については、不十分としながら、大方においては、問題を単純化できるであろうとしている。この指摘を援用するならば、行基の「在懐」の意味するものを如何に考えるべきであろうか。行基は（ロ）の立場にあり、政治権力に対し積極的または消極的な志向を示したケースであったのであろうか。さらに言えば、後述する道鏡の場合は、いずれにあてはまるのであろうか。

三　多様な行基像

㈠ 行基と仏

『続紀』天平勝宝元年（七四九）二月丁酉条の行基の薨伝には、時代の要請によって、すでに造作が加えられている。だが、行基が建立した四十九院について記していても、大仏造立事業に参加して功績があったという記述は見えない。また、行基のもつ霊異神験のさまを限りなく説いてやまない、平安初期に編纂された日本で最初の仏教説話集の『霊異記』でも、彼と大仏造立との関係を明確に示唆するものは見あたらない。

『霊異記』上―五に両者の関係に関する記述がある程度である。そこには仏教者としての行基の宗教的な特質を物語る一例である行基文殊化身説というのがある。その一節によれば、

妙徳菩薩とは文殊師利菩薩なり。一つの玉を服せ令むとは、難を免れ令むる薬なり。黄金の山とは五台山なり。東の宮とは日本の国なり。宮に還り、仏を作るとは、勝宝応身聖武太上天皇日本の国に生まれ、寺を作り、仏を作るなり。爾の時並びに住む行基大徳は、文殊師利菩薩の反化なり。

とある。これは、聖武天皇が聖徳太子の生まれかわりであるとともに、行基が文殊菩薩の反化(仏・菩薩などが姿を変えてあらわれること)であると説いている記述である。行基は、文殊菩薩の反化として聖徳太子の転生(生まれ変わり)した聖武天皇の仏寺仏像の造立を手助けする関係にあるとしている。

聖武天皇の仏像の造立や仏寺の建立で思い起こすことができるのは、東大寺であり大仏であるが、『霊異記』には、前述のように上―五に「勝宝応身聖武太上天皇日本の国に生まれ、寺を作り仏を作るなり。」との記述が、暗に聖武天皇による東大寺と大仏の造立を物語っているのみである。さらに、中巻の序文の一節には、

竊に歴たるみ代を承るに、宣化天皇より以往は外道に随ひ、卜者に憑む。欽明天皇より後は三宝を敬ひ正しき教を信ふ。然うして、或る皇臣は寺を焼き仏の像を流す。或る皇臣は寺を建て仏の法を弘む。之の中に勝宝応真聖武大上天皇、尤して大仏を造り、長に法の種を紹ぎ、鬚髪を剃り、袈裟を著、戒を受け善を修し、正を以て民を治めむ。慈は動植にも及び、徳は千古にも秀づ。一を得て運に撫り、三を通りて霊に居む。此の福徳に由りて、空を飛ぶ螌は芝草を咋ひて寺を葺く。地を走る蟻は金の沙を搆へて塔を建つ。法の幢高く竪ちて蟠足八方に飈く。慧の船は軽く汎びて帆影九天に扇く。瑞応の華は競ひて国邑に開く。善と悪の報は現れて吉凶を示す。故に号けて勝宝応真聖武大上天皇と称す。

唯、是の天皇の代に録す所の善と悪の表との多数なるは聖皇の徳す由る。（下略）

とあり、「三宝を敬ひ正しき教を信ふ。」として欽明天皇以来の仏教を篤く信仰してきた天皇として聖武天皇をたたえている。そして、「此の福徳に由りて、空を飛ぶ鳌は芝草を咋ひて寺を葺く。地を走る蟻は金の沙を搆へて塔を建つ。」とあるように、生きとし生けるものすべてが、寺（東大寺）の堂塔の建立に組みしたとある。これは、まさに国土に存在する全てを王が掌握するという理念の源泉である王土王民思想を背景とした聖武天皇を願主とする知識結に貴族をはじめ多くの人々が参加したことをうけて語り出された一節である。そして、その利益は、森羅万象すべての動植物や多くの人々にもたらされたとある。

『続紀』天平十五年冬十月乙酉条によれば、

皇帝紫香楽宮に御して、盧舎那の仏像を造り奉らむが為に始めて寺の地を開く。是に行基法師弟子等を率ゐて衆庶を勧誘す。

とあるように、行基が大仏造立事業の勧進役に就任したとの記述があるが、『霊異記』では、前述したようにわずかに上―五に「爾の時並びに住む行基大徳は、文殊師利菩薩の反化なり。」とあるように、行基は文殊菩薩の反化（化身）として聖徳太子の転生した聖武天皇の「仏寺」の建立と仏像の造立を手助けする関係にあると記述するのみである。

景戒は、聖武天皇を大仏造立を推進するなどの、仏教を熱心に信仰した天皇としているが、行基がそれに積極的に協力したとの記述がない点は、注意すべきである。ましてや『霊異記』の中で、大仏造立にふれていないことなどを考え合わせてみると、景戒の大仏造立への評価の一端を物語るものである。黄金に輝く大仏を間近に見たはずの景戒にしては、意外にも冷ややかな認識であり評価であったように思う。

こうした聖武天皇と行基との宗教的関係を比較的詳しく語っているのが、『続紀』の養老から天平年間に及ぶ行基に関する記述である。これらの記述によって、結果として、律令政府が行基を崇敬するということは、聖武天皇がことさら帰依した行基を崇敬（実際は国家的知識結に結縁すること）するという信仰的な関係が醸成されていたことを物語っているように思う。

いうなれば、人々による行基の崇敬を介して、聖武天皇と行基への「信仰者」―例えば在地豪族層―は、信仰的には結びあわされたと言うべきである。すなわち、在地豪族層は、行基を仲立ちとして聖武天皇を発願主とする「天皇・国家的」知識結に結縁することにより、行基への人々の信仰的な帰依が、これを機としてものの見事に聖武天皇への信服ということに『続紀』上では組みかえられていった。大仏造立に向けた天皇の単なる願意だけではなく、それを実現するために奔走し、完結しなければならないとした律令政府の政策的な意図も混入した押し付けがましい形式を擁した知識結が「天皇・国家的」知識結であったのではないか。

行基の真意を、史料的に明らかにすることは不可能である。しかし、『続紀』の記述をきっかけとして彼の意志とかかわりなく、彼の人物像は次第に聖武天皇が帰依した僧侶であると肥大化していくこととなる。すでに、それは、彼の伝記を語る上で出発点とされている『続紀』天平勝宝元年二月丁酉条の薨伝にもみられる。すなわち、彼の人物像を表現する一節に「和尚、霊異神験類に触れて多し。時の人、号して行基菩薩と曰ふ。留止するの処に、皆道場を建つ。其れ畿内には凡そ四十九処」とあるのが、それである。これらをふくむ行基像の「造作」や「霊異神験」については、後に述べるように、彼の布教内容をも示唆している。

「道場四十九処」は、一説には弥勒信仰にみる四十九院、あるいは「薬師経」に説く四十九院とするなど諸説があるが、いずれにせよ行基在世中、ないしは没後直ちに言いだされたものではない。これは、『続紀』の編纂時の延暦年間(七八二〜八〇五)での弥勒信仰のたかまりをうけて、言いだされたものとすべきであろうとの指摘もある(速水侑『弥勒信仰』)。

ところで、『続紀』宝亀四年(七七三)十一月辛卯条によれば、行基は、天平勝宝二年の記述にみえる「霊異神験」と相違して、「戒行具足し、知徳兼備なり」をもって、先代、すなわち聖武天皇によって崇敬されたとある。いわば、天皇が崇敬する由来が相違しているのである。そして、菩提・登美・生駒・石凝・高渚の各院に各々三町、山崎院には二町を施入することによって、行基が建立した布教施設としての道場の復興に提供しようというのであった。

すでに、彼が、建立した他の道場は、経済的な基盤が確立していたのであろう。今回は、それらに加えて以上の六院にもことさらな施策を行ったとある。この施策によって、仏教の興隆と天変地異のなきことと農耕の豊作を願っている。六院への律令政府による保護と「戒行具足、知徳兼備」といった行基の教化を慕うことによって、諸種の功徳をもたらそうというのである。これら六院は、四十余処の道場(院)とともに行基建立寺院であり、なかでも生駒院(現在の竹林寺、律宗・生駒市有里町)は神亀二年(七二五)に設立され、後年、行基の墓所が営まれた所でもある。なおさら、行基の活動を偲ぶことができる。これらへの経済的な援助を与えるという保護を行うことによって、律令政府には、行基の事績を再び顕彰しようとの意志があったことがうかがえる。

宝亀年間は、孝謙(称徳)天皇のあとを受けた光仁天皇の治政下であった。この時代は、称徳天皇の寵愛をもって権勢をほこった道鏡による政界と仏教界が渾然一体となった仏教政治の弊害を除き、仏教界の刷新を推進していた時代であったという。たとえば、宝亀二年(七七一)には、それまで僧尼の度縁に道鏡の印を使用していたのをこれまでのように、治部省の印を使用することにした。さらに、『続紀』宝亀三年三月丁亥条によれば、

禅師秀南・広達・延秀・延恵・首勇・清浄・法義・尊敬・永興・光信、或は持戒の称するに足り、或は看病に声

を著す。詔して、供養を充て、並にその身を終へしむ。当時、称して十禅師とす。その後、闕くること有れば清行の者を択ひて補す。

とあり、学徳すぐれた高僧を意味する十人の禅師を任命している。そして、十禅師には一人に二十人を童子（弟子）とすることを許可し、生活物資も禅師一人に一日米三升、童子一人に同じく米一升五合を支給することを決定している。さらに、「古人云へらく、人、能く道を弘むるも、道、人を弘めるにあらず。宜しく営稲を分省し禅師に供し、正税稲を割きて童子に給し、以て乞食の営を息むべし。其れ畿内の国は、并びに正税を用ひ、在る所の国司、師の情願の随に、若しくは米、若しくは穎をもて住処に領送し、必ず清潔にせしめむ」との注文をつけている。つまり、十禅師に対して、ないしは諸国の寺々に居住する高徳の僧に対して、諸国の国衙に納入された税（租＝正税）を財源として充分な保護を与えるので、「乞食の営を息むべし」とあるように人々への布教をなすことなく、寺院内での寂居とそこでの教学研鑽に励めよとの趣旨から出た施策でもあった。

こうした一連の政策、ことに宝亀二年の政策をもって、再度、行基建立の六院への「当郡の田三町」ないしは「当郡の田二町」の寄進の意味を考えてみると、行基集団に対しても、道場に律令政府が経済的な保護を加えるので、乞食をもって人々に接し、布教することのないようにとの姿勢を示しているように思う。

『続紀』宝亀四年十一月辛卯条にみる行基建立寺院への施策は、行基の跡を慕う弟子集団に対して、手厚い援助を与え、僧俗混淆を抑制しようとした。たとえ、それが「戒行具足、知徳兼備」の行基を顕彰することとなったとしても、本来の目的は、既存の仏教集団への僧俗混淆を牽制することによって、仏教界全体に対しても、こうした姿勢を徹底せよとの意図を貫こうとした律令政府のねらいをむしろ知るべきである。

行基は、宝亀年間（七七〇〜八〇）に至り、「戒行具足にして、知徳兼備なり」の僧侶として、奈良仏教を担う「後生」、すなわち後進の僧尼に手本として位置づけられたのである。行基は、宝亀年間という律令政府による仏教界刷新の風潮の中で、それを推進するに最適な高僧として再び位置づけられ顕彰されることとなった。

行基への律令政府の評価の変化の要因には、東大寺大仏の造立を機とする僧俗の混淆という事態の一層の進展の結果生じた、仏教者の政界への進出やそれへの反発という一連の事態への反省が色濃く反映したことは言うまでもない。そこには、藤原仲麻呂による新来の唐僧鑑真を登用しての戒律の積極的な普及に始まる戒律観の変化ということも預かっていたであろう。

いわゆる戒律の普及の様子は、鑑真の考えと異なっていたことは周知の通りである。授戒制度の整備を主とする、あくまでも形式主義的な受容であった。その意味では、行基の登場は、戒師招請という政策が推進され、はたまた将来された新来の戒律観の形式的な高揚のために行基の存在が役割を演じさせられたと言うことであろう。『霊異記』では行基は、単に五戒十善の受持をすすめた僧として描かれているが、ここでは国家が採用しようとしている最新の戒律観を高揚させる機運をたかめることが可能な高僧として、造形されなおされたということである。こうした宗教的な動きが背後にあって、少なくとも聖武天皇から光仁天皇、そして、その子の桓武天皇に至るまでの歴代の天皇によって尊崇され続けた「天皇の帰依僧」としての高僧のイメージを崩すことなく、かえって一層強固なものとなっていったと解釈すべきであろう。

行基は、こうして天平年間に大仏造立に献身的な活動を展開した高僧としての名をほしいままにしただけではなく、奈良時代以降にも、『霊異記』を初めとして『三宝絵詞』・『今昔物語集』など多くの史料に登場し、人々の尊崇を受ける高僧のイメージが語り継がれることとなった。語り継がれた背後に道鏡の去就が影響したとするのは考えすぎであろうか。

(二) 行基と善珠

『霊異記』には、行基をはじめとする何人かの奈良仏教を支えた僧の名をみることができる。行基に対して、ことさらな信仰的な親縁性を感じ、多くの説話群を所載している編者景戒であるが、そのほかには、道鏡や善珠や戒明などに関する説話も所載されている。中でも行基に継いで複数の説話に登場するのが、「法相六祖」の一人善珠である。

『霊異記』下―三五をみると、光仁天皇の時代に死去した「筑紫の肥前の国松浦の郡の人、火君の氏」が閻魔王の国で会った「遠江の国榛原の郡の人、物部古丸」が、責め苦を負っていることを聞き知った後に、この世に蘇生できた。火の君は、古丸の窮状を救うべく、大宰府に報告したが、二十数年の間放置されてしまった。これを偶然にも、『続紀』の編纂に関与した左大弁菅野真道が桓武天皇に報告したところ、施皎僧頭(僧都ヵ)を招き寄せて、事の子細をたずね、どのようにしたら古丸の窮状を救えるのかと問いただした。これに対して、施皎は、「苦を受くる始なり。何を以て爾あることを知るとならば、人間の百年を以て、地獄の一日一夜と為すが故に、未だ免されずといふなり」と答えた。そして、桓武天皇は事実関係を遠江国に問いただしたうえで、「延暦十五年三月朔の七日を以て、始めて経師四人を召して、古麿が為に、法花経一部を写し奉らしむ。経の六萬九千三百八十四文字に宛てて、知識を勧率し、皇太子・大臣・百官を挙げて、皆悉に其の知識に加へ入る。」として、知識結によって「法華経」の書写を行った。

書写した「法華経」をもって、桓武天皇は、「善珠大徳を勧請して、講師とし、施皎僧頭を請けて、読師とし、平城の宮(一説では、平安宮とも)の野寺(官寺に対する私寺を意味するという)に、大法会を備け、件の経を講読することを為し、福を贈りて彼の霊の苦を救ひたまひき。」とあるように古丸の霊を慰めたというものである。善珠は「法華経」の講読の講師として、施皎は読師として、関わっている。二人は、『日本後紀』(以下、単に『後紀』と表記する)延暦

十六年(七九七)正月辛丑条に、

伝灯大法師位善珠を僧正と為す。伝灯大法師位等定を大僧都と為し、伝灯大法師位施皎を少僧都と為す。

とあるように、善珠と施皎は僧綱の役職である僧正と少僧都の役職についていた。施皎は、「七大寺年表」延暦十二年癸酉条によると、律師として、「施皎〈二月廿日任。行基弟子、光信大徳弟子。法相宗〉」とあり、光信のみならず行基の弟子であったという。さらに、光信は、久米田寺の僧でもあり、『扶桑略記』天平二十一年二月二日条によれば、

行基菩薩菅原寺東南院にて、右脇をして臥し、心身安穏に禅定に入るが如く遷化す、春秋八十歳なり。最後に遺誡して云はく、弟子光信法師を世眼と為し、我、造る所の四十九院を、悉く汝に付属すと。(下略)

とあるように、行基は死去するにあたって四十九院の管理を光信に委ねたようである。また、光信は宝亀三年(七七二)三月に、「持戒称するに足り、或は看病もて著しく聲ゆ」として、十禅師の一人に任命されている。行基の弟子の一人として数えることができ、なおかつ持戒清浄にたる僧としてのイメージが受け取れるのである。

うがった読み方をすれば、施皎が光信の弟子であるとするならば、施皎は行基の孫弟子にあたるといえよう。例え同時期に僧正・少僧都に任命されたにせよ、善珠と施皎が同一の法会で講師と読師に任命されたとして二人を一つの説話に登場させたのは、両者の信仰的な交流があったればと思う。多少、強引な読みであるが、両者の関係の浅からぬ事を読み取りたいのである。それをさらに拡大解釈するならば、行基と善珠との信仰的な結びつきを景戒が、『霊異記』の中で画策した現れと読みたい。

善珠が『霊異記』に登場するのは、下―三九で、

尺の善珠禅師は、俗姓跡連なり。母の姓を負ひて跡の氏と為る。幼き時母に随ひて、大和の国山辺の郡磯城嶋の村に居住す。得度して精に懃めて修学し、智行双に有り。皇臣に敬せられ、道俗に貴ばる。法を弘め人を導きて、

行業とす。是を以て天皇其の行徳を貴び、僧正に拝任す。彼の禅師の顔の右の方に、大きなる黶有り。平城の宮に天の下治めたまひし山部の天皇の御世、延暦十七年の比頃に、禅師善珠、命終はる時に臨みて、世俗の法に依りて、飯占を問ひし時、神霊、卜者に託ひて言はく「我、必ず日本の国王の夫人丹治比の嬢女の胎に宿りて、王子に生まれむとす。吾が面の黶著きて生まれむを以て虚実を知らむのみ」といふ。命終はりし後、延暦十八年の比頃に、丹治比の夫人、一の王子を誕生す。其の顔の右の方に黶著くこと、先の善珠禅師の面の黶の如くにして、失せずして著きて生まるるが故に、名を大徳の親王と号く。然して三年許を経、世に存りて薨りぬ。向に飯占を問ふ時に、大徳の親王の霊、卜者に託ひて言はく「我は、是れ善珠法師なり。暫くの間、国王の子に生まるるのみ。吾が為に香を焼きて供養せよ」といふ。是の故に当に知るべし、善珠大徳、重ねて人身を得て、人王の子に生まれしことを。内教に言はく「人家々なり」といふは、其れ斯れを謂ふなり。是れも亦奇異しき事なり。（下略）。

とある。下略の部分には、石鎚山の修行僧である寂仙が、神野親王、後の嵯峨天皇（七八六～八四二・八〇九～二三在位）に生まれ変わったという記述である。さらに下―三九は、世俗の言として「国皇の法は、人を殺す罪人は、必ず法に随ひて殺す。是の天皇は、弘仁の年号を出して世に伝へ、殺す応き人を流罪と成し、彼の命を活して人を治めたまふ。是を以て咄かに聖君なることを知るなり」という記述にみられるように、いわゆる桓武天皇と嵯峨天皇をめぐる聖君問答と通称されるものである（朝枝善照『平安初期佛教史研究』、山口敦史「聖君問答と中国六朝論争・・・日本霊異記下巻第三九縁考」）。

桓武天皇・嵯峨天皇が、どれほどの聖人君主で、彼らと善珠や寂仙とが如何にかかわっていたかを述べあげている。聖君問答は別として、善珠に関する記述は、『続紀』などには正確な記述、ましてや彼の来歴をうかがえるものがないだけに、『霊異記』の記述は、重視すべきものである。それでも、『後紀』には、前述の僧正への補任記事に続いて延

暦十六年正月己酉条には、

大和国稲三百束をもて僧正善珠法師弟子僧慈厚に施す。師に事へること倦むことなしを以てなり。

とあり、弟子の慈厚が師善珠へのたゆまぬ忠節に大和国の稲三〇〇束を給うという記述である。この記述をもって善珠の死を読み取る所以となっている。それを裏付けるかのように『紀略』延暦十六年(七九七)四月丙子条では、

僧正善珠卒す。〈年七十五〉。皇太子図像を秋篠寺に安置す。

とある。善珠は、僧正就任後まもなくで、死去したということである。ただし、僧正就任の年次について諸説あるが、死にともない、皇太子つまり安殿親王(後の平城天皇・七七四〜八二四・在位八〇六〜九)が、秋篠寺に善珠の像を安置し、その遺徳を偲んだという。善珠への帰依の様子がうかがえる。その意味でも、『霊異記』下―三九の記述は、善珠の来歴を知る上では、きわめて具体性のあるものといえる。少なくとも編者景戒の善珠像が集約されているものと理解すべきであろう。文中の「得度して精に懃めて修学し、智行双に有り。皇臣に敬せられ、道俗に貴ばる。法を弘め人を導きて、行業とす。」という記述は、善珠の宗教的な特質を端的に物語るものといえる。出家以来、努力して修学に努め、「学」・「行」ともにすぐれていたという。高位高官の者のみならず多くの人々の帰依をうけていた。布教にも熱心であったという。ちなみに高位高官を意味する「皇臣」という記述は、聖武天皇の仏教の崇敬の様子を記した中巻の序文とここだけに見えるものである。

『霊異記』にみる善珠は、学業に熱心であった僧というイメージだけではなく布教僧というイメージで語られているように思う。さらに、こうした高僧としてのイメージは、『後紀』弘仁五年(八一四)十月乙丑条にみる弟子である「興福寺伝灯大法師位」常棲(七四一〜八一四)の卒伝までひきつがれる。「善珠大徳」の弟子として常棲は、「内教を請問」して、二十歳になるに及んで、「学業漸進、固く戒律を持し、真宗を闡揚す。和衆の中に、撰作して譲らる。」と

いう記述となっていく。

行基と善珠との唯一の信仰的な共通点といえるのは、『霊異記』にみる行基による戒律の受持のすすめである。善珠と戒律との関係を物語るものとして、彼の著作である「本願薬師経鈔」（以下、単に「経鈔」と表記する）がある。「経鈔」について、すでに名畑崇・山口敦史の両氏によって詳細な検討が加えられ、奈良仏教の教学を具体的に明らかにできる数少ない事例となっている（名畑崇「善珠について」、山口敦史「善珠撰述『本願薬師経鈔』と引用典籍」）。

名畑氏は、「薬師経」を注釈した「経鈔」は、薬師悔過・八斎戒の趣旨に詳しく特定の斎会のために書かれたものであるという。そして、戒の受持により人間界の現実、罪悪の様相、僧分の利をのべ、罪を懺し戒を求め、天朝の慈に報じ、君主の徳に謝し、聖朝の大願を祈り、広恩に報ずべきことを訴えているとしている。いわば善珠の国家観がうかがえるものとなっている。こうしたことから、「薬師経」の成立・受容・普及の背景に戒律思想が考えられるという。さらには、懺悔と受戒の功徳として、消殃、七難（人衆疾疫難・他国侵逼難・自界叛逆難・星宿変怪難・日月薄蝕難・非時風雨難・過時不雨難）・九横（九種の原因による死、病気にかかって医師や薬が手に入らなかった・国の法律によって罪を獲た・悪鬼などの鬼神に魂をうばわれた・火に焼かれた・水におぼれた・様々な獣に食われた・高い山の崖から落ちた・毒薬や祈禱などの害を被った・飢えと渇きの苦しみ）の消滅が説かれ、桓武朝の宮廷・社会不安との結びつきが考えられると指摘している。

宮廷との結びつきは、後述するように「経鈔」に「先帝聖霊」としての光仁天皇、「現在聖朝」としての桓武天皇というかたちで、具体的に登場していることでうなずける。さらに、名畑氏は、呪術に対抗するために桓武朝になって善珠が登用されて、「薬師経」の注釈を行って、怨霊の調伏や呪詛の消滅をはかったというのである。また、山口氏は、『霊異記』にみる善珠について、善珠は〈呪術の僧〉として登場する。また、「経鈔」の中で桓武天皇を称えた善珠が、死後、桓武天皇の皇子として生まれ変わるというのは、善珠の天皇に対する思慕や尊崇を巧みに表現したものと言えなくもないとしている。

名畑崇・山口敦史の両氏は、共通して、善珠が現前に展開している桓武・嵯峨の両天皇の国家を護持する宗教的な理念を提示したものであるとするが、何故、こうしたことを善珠が提示したかについて言及していない。

戒律は、僧尼にとって集団(僧団)を規定するものであり、彼らの存在そのものも規定する。時として、僧団のあり方と国家との関係も規定することが可能な、僧俗にとって宗教的・世俗的な経絡となりうるものである。仮に僧団自らがこうした意図のもとに、戒律についての解釈を自らの手でなしたならば、僧団の自律性は大きく後退するといわざるを得ない。いわば僧団が如何に戒律の運用によって、自らの自律性を保持するかが問われるのである。善珠が「経鈔」で展開した戒律観は、いかがなものであろうか。「薬師経」そのものが、九横と閻魔王の刑罰を説くなかで、九横以外の非道なこととして、

若し諸の有情、不孝にして五逆をなし、三宝を破辱し、君臣の法を壊りて、信戒を毀たば、琰魔法王、罪の軽重に随い、考へて之を罰す。

とあるように、親への不孝とともに君臣の道を損なうことの罪状を説く姿勢を示し、ともすると護国性を説いている。こうした護国性以上に、善珠は「経鈔」では、懺悔持戒の功徳を説くなかで、

今所修の功徳を捧げ、廻施発願す。謹で発願するに、我、今日、懺悔受戒して所生の功徳を取りて総てを先帝の聖霊を捧持す。次で現在の聖朝を厳じ奉りて、懺悔の力を以て、天災・地妖・水火風難等の七難を排せむ。持戒の功に由りて、厭禱・呪詛・逆賊・災横等の九横を摧滅せむ。玉儀もて天地とともに動ずることなく、宝命日月とともに長久し、千代の聖皇をもて万葉の天朝となさむ。次で天下平安にして、百官をして忠を尽し、万姓安楽

とせむ。心を至して三業に所修功徳を廻施し、此の福聚を廻して、四恩に及し以て法界の有情の類に施さむ。未だ苦を離れざれば苦を離れせしめ、未だ楽を得ざれば楽を得さしめ、未だ発心せざれば発心せしめ、未だ証道せざれば道を得せしめむ。勝生を獲て福慧を増して、疾やかに広大無上の道を証せむ。先ずは荘厳の鸞輿を用いて、華蔵の宝刹を起し、慈魂もて縁起の性海に遊し、永く塵劫の罪を滅し、早に十身の果を証せむ。

とあるように、まず歴代の天皇霊への慰霊や現天皇の平安を祈り、そのうえで官人には忠を尽くすことや多くの人々には信仰心をもとめることによって平安をもたらすという護国的な姿勢を示している。これをもって私は、善珠が仏教者として「報国」の姿勢をしめしたものと考えたい。仏教者の、それも奈良仏教者の光仁・桓武朝という新たな時代にむけてのあるべき姿をより鮮明に主張したと思う。こうした姿はすでに僧尼令遇三位以上条に、

凡僧尼、道路にして三位以上に遭へらば、隠れよ。五位以上には、馬を斂へて相ひ揖して過せ。若し歩ならば隠れよ。

とあることに象徴されているように僧尼の「官」という世俗的な地位ある人々への従属を彷彿とさせるのである。それは、多少、短絡的ではあるが、「梵網経」第十七軽戒に、

若仏子、自ら飲食・銭物、利養・名誉の為の故に、国王・王子・大臣・百官に親近して、恃みて形勢を作し、乞索し、打拍・牽挽して、横に銭物を取り、一切に利を求むるを、名づけて悪求・多求となす。他人を教えて求めしめ、都べて慈心なく、孝順心なくば、軽垢罪を犯す。

とあるように、道慈のように例え修行のためであったにせよ権力者にことさら接近すべきではないという姿勢を求める関係とは異なるように思えてならない。

「梵網経」の場合は、いわゆる大乗的であり、時として僧団(的権威)の方が俗的な勢力(権威)に優先すると説くこと

がある。こうした傾向は鑑真の来日によって培われた「瑜伽師地論」的戒律観に通じていたように思う。「瑜伽師地論」には、出家者と在家者ともに通ずる出家・在家の両菩薩戒を説いている。すなわち「瑜伽師地論」巻第四十の一節には、

云何が菩薩の一切戒なりや。謂く菩薩戒に略して二種あり、一には在家分戒、二には出家分戒なり。是を一切戒と名づく。又即ち此の在家出家の二分の浄戒に依って略して三種を説く、一には律儀戒、二には摂善法戒、三には饒益有情戒なり。律儀戒とは、謂く諸菩薩所受の七衆の別解脱律儀なり。即ち是れ苾芻戒、苾芻尼戒、正学戒、勤策男戒、勤策女戒、近事男戒、近事女戒、是の如き七種、在家出家二分に依止すること、応の如く当に知るべし、是を菩薩律儀戒と名づく。

とある。ついで、摂善法戒・饒益有情戒について解説し、さらに同じく四十巻から四十一巻にかけて、通称、瑜伽菩薩戒といわれている四重(波羅夷)四十三軽戒をあげている。すなわち、三聚浄戒(摂律儀戒・摂善法戒・摂衆生戒)を説く瑜伽菩薩戒は、出家(菩薩)者と在家(菩薩)者とが七衆戒によって比丘・比丘尼・式叉摩那・沙弥・沙弥尼・優婆塞・優婆夷の七階に区別されながらも、一つの信仰集団の構成員として信仰活動を行う上での集団形成のための所依の規範ともなった。さらに、こうした戒律観は、唐僧鑑真の来日によって、出家に対しては四分律、在家に対しては「梵網経」の受持を求めることとなり、一説によると「梵網経」への信仰が高まりをみせたという。

善珠の説く戒律観、特に僧俗の区別に関わるものは、少なくともこうした「梵網経」的な戒律観とは、多少、様相を異にしていたように思う。善珠の戒律観について、すでに名畑 崇氏の詳細な指摘を紹介したように、近年、奈良末期の仏教史への関心(実際は、平安仏教の前史という扱いであるが)から、詳細な指摘も散見できる(名畑 崇「善珠について」、阿部龍一「奈良期の密教の再検討」)。その背景には、奈良末期にようやく明確となった奈良仏教の教学内容への

関心の高まりがあることも事実である。

善珠の戒律観には、理想論的な僧尼令的な僧俗の関係のあり方や内律（戒律）と俗律（律令）との新たな関係を模索していた桓武政権にとって、仏教者が律令国家を護持するという大変都合のよいドグマを提供していたのではないか。

善珠は、「経鈔」の叙述を通して、奈良末期に新たな「薬師経」観や戒律観を提示することによって、悪霊・呪詛・天変地異といった諸々の災いを仏教の「力」によってはねのけることを可とする「呪術の僧」の出現などをかたり、新政権を仏教界が下支えする宗教的な論理を提供したといえないか（山口敦史「善珠『梵網経略抄』から見る「淫」と「呪術」の認識―唐・新羅作製『梵網経』注釈との関連―」）。

繰り返すが、そうした善珠の姿勢は、道慈をはじめとして良弁にいたるまでの奈良仏教者とは異なっていたと思う。いわゆる内法優位から俗法優位へと、姿勢の変化を表明していると思う。飛躍するがそれを物語るのが、宝亀四年の良弁の死の扱いとその際の賻物をめぐる規定を明記したことではないか。これにより僧俗の関係はより鮮明となり、最低限、良弁としては維持したかった仏教界の自立性すらも喪失したことによる諦めの感情のわき上がりと理解したい。

その是々非々は別として、景戒は奈良仏教の存続なり、それに光仁・桓武の両天皇がもたらした新たな時代にあっても仏教者のあるべき「姿」を善珠に求めたように思う。そうであるから、前述のとおり景戒は、『霊異記』下―三五では、行基の孫弟子施皎との関係を、さらに同三八では、桓武天皇の御子との信仰的な関係を読み聞かせるなどして、善珠が暗に桓武天皇の政権と如何に近い信仰的な関係にあったかを同時代の読者に想定させたのではないか。そこに、善珠の国家観なり天皇観を事例として景戒は、自らの天皇観なりを説こうとした意図も読み解きたい。

景戒はこのように奈良末期から平安初期において奈良仏教をめぐる宗教的な環境の変化を的確に読み解き、行基と道鏡を『霊異記』に登場させて、奈良仏教の存在感を内外に示したかったのではないか。そして、善珠の登場も、桓武天皇の仏教政策の転換を象徴し、行基への評価が、「霊異神験」を象徴する僧からより一層に呪術をともなう「持戒清浄」の僧への転換にも関わっていたということを主張しようとしたのではないか。善珠を行基像の変化に一役を果たした僧と位置づけようとしたと思いたい。

第三章　道鏡と称徳天皇

一　道鏡の行実

(一) 道鏡の登場

天平宝字年間(七五七〜六四)に登場したのが道鏡である。道鏡は、近江保良京(現在の滋賀県大津市)に滞在していた孝謙天皇の病気を仏教的な呪術で治療したことから、天皇による特別な帰依を得ることとなった。

そして、道鏡が、史上に登場するのは、『続紀』天平宝字七年(七六三)九月癸丣条で、

使を山階寺に遣して、詔を宣して曰く、少僧都慈訓法師、政を行ふに理に乖きて、綱と為すに堪へず。宜しく其任を停むべしと。衆の所議に依り、道鏡法師を以て少僧都と為す。

とあるのがそれである。その登場は、少僧都慈訓(六九一〜七七七)を「政を行ふに理に乖きて、(僧)綱と為すに堪へず」との理由で、任をとき道鏡がその後に少僧都に就任するという劇的なものであった。

これは、孝謙天皇すなわち称徳天皇と道鏡の関係を象徴するものとして、伝統的な勢力者であった藤原氏が次第に

その存在に疑問を感じ、なおかつ政治家として対抗心を持ち始めた第一歩であった。時の天皇である淳仁天皇を補佐してきた藤原仲麻呂は、ついに道鏡に帰依している孝謙上皇に天皇とともに諫言した。

道鏡が甚だ孝謙上皇の寵愛を受けていることを患い、心安からぬことをもって、藤原仲麻呂は一族をあげて反乱をおこしたが、結果的には天平宝字八年(七六四)九月に琵琶湖畔で敗死して失脚した。それ以後、道鏡は、天平神護元年閏十月には、太政大臣禅師、ついで同二年十月には法王となり、仏教者でありながら政界に進出する足がかりを確たるものとし、世に言う道鏡を中心とした仏教政治が展開した。

道鏡が太政大臣禅師に就任するに及んで出された詔が、『続紀』天平神護元年(七六五)十一月庚辰条の一節にみえる。そこには、

又、詔して曰く、今勅すらく、今日は大新嘗の猶良比の豊明聞し行す日に在り。然るに此の遍の常より別に在る故は、朕は仏の御弟子として菩薩の戒を受け賜ひて在り。此に依りて上つ方は三宝に供奉り、次には天社・国社の神等をも為夜びまつり、次には供奉る親王たち臣たち百官の人等、天下の人民諸々を愍み賜ひ慈び賜はむと念ひてなも還りて復天下を治賜ふ。故、汝等も安く於多比に侍りて、由紀・須伎二国の献れる黒紀・白紀の御酒を赤丹のほにたまへゑらき常も賜ふ酒幣の物を賜はり以て退れとしてなも御物賜はくと宣ふ。復勅すらく、神等をば三宝より離けて触れぬ物ぞとなも人の念ひて在る。然れども経を見まつれば仏の御法を護りまつり尊びまつるは諸の神たちにいましけり。故、是を以て、出家せし人も白衣も相雑はりて供奉るに豈障る事は在らじと念ひてなも、本忌みしが如くは忌まずして、此の大嘗は聞し行すと宣りたまふ御命を諸聞食と宣る。

とあり、称徳天皇は、蕩々と出家者である道鏡を太政官のトップである太政大臣と同等の地位である太政大臣禅師に就任させる根拠を語り上げている。その後、道鏡は、『続紀』天平神護二年(七六六)十月壬寅条に、

隅寺の毘沙門像より現ずる所の舎利を法花寺に請し奉る。氏々の年壮にして容貌有る者を簡び点ず。五位已上廿三人、六位已下一百七十七人、種種の幡・蓋を捧げ持ちて、前後に行列す。その着する所の衣服の金・銀・朱・紫をは恣に聴す。百官の主典已上に詔して礼拝せしむ。詔して曰く、今勅すらく、上無き仏の御法は、至誠の心を以て拝み尊び献れば、必ず異に奇しき験をあらはし授け賜ふ物にいましけり。然るに今示現れ賜へる如来の尊き大御舎利は、常見奉るよりは大御色も光り照りて甚美しく、大御形も円満て別に好くおほましませば、特にくすしく奇しき事を思ひ議ること極りて難し。是を以て、意の中に昼も夜も倦み怠ることなく、謹み礼まひ仕へ奉りつつ侍り。是れ実に、化の大御身は縁に随ひて度し導き賜ふには、時を過さず行ひに相応へて慈び救ひ賜ふと云ふ言に在るらしとなも念す。猶法を興し隆えしむるには、人に依りて継ぎひろむる物に在り。故、諸の大法師等をひきゐて上といます太政大臣禅師の理の如く勧め行はしめ教へ導き賜ふに依りて如此く奇しく尊き験は顕し賜へり。然るに此の尊くうれしき事を朕独のみや嘉でむと念してなも、太政大臣朕が大師に法王の位授けまつらくと勅し天皇が御命を諸聞きたまへと宣る。復勅すらく、此の世間の位をば楽ひ求めたふ事は都て無く、一道に志して菩薩の行を修ひ人を度し導かむと云ふに心は定めていいます。かくはあれども猶朕が敬ひ報いまつるわざとしてなも此の位冠を授けまつらくと勅して天皇が御命を、諸聞きたまへと宣る。次に諸の大法師が中にも此の二の禅師等い、同じ心を以て相従ひ道を志して世間の位冠をば楽はずいまさへどもなも、猶止むことを得ずして、円興禅師に法臣の位授けまつる。基真禅師に法参議大律師として冠は正四位上を授け、復物部浄之朝臣と云ふ姓を授けまつると勅して天皇が御命を、諸聞きたまへと宣る。

復勅すらく、此の寺は朕が外祖父先の太政大臣藤原大臣の家に在り。今其の家の名を継ぎて明らかに浄き心を以て朝廷を助け奉り仕へ奉る右大臣藤原朝臣をば左大臣の位授け賜ひ治め賜ふ。復吉備朝臣は朕が太子と坐しし時より師として教え悟しける多の年歴ぬ。今は身も敢へずあるらむ物を、夜昼退らずして護り助け奉侍るを見ればかたじけなみも念す。然るに人として恩を知らず恩を報いぬをば聖の御法にも禁め給へる物に在り。是を以て、吉備朝臣に右大臣の位授け賜ふと勅して天皇が御命を諸聞きたまへと宣る。

参議従三位弓削御浄朝臣浄人に正三位を授けて、中納言とす。正四位下道嶋宿祢嶋足に正四位上。

とあるように、隅寺(海龍王寺、真言律宗、奈良市法華寺町)での仏舎利の出現というめでたいことが起こるであろう予兆をうけて太政大臣禅師を経て法王の位に登りつめ、仏教者でありながら俗人の極位極官である左大臣や太政大臣以上の地位についた。称徳天皇はここでも蕩々とした気迫をもって、道鏡を、何故、法王に任じたかを説いている。名実ともに、仏教という聖なる世界と政治という俗なる世界の混在した道鏡時代の完成をもたらしたのであった。

(二) 天皇と「交感」

称徳天皇への道鏡の信仰的な影響のあらわれは、西大寺の建立である。その建立は、単に天皇の父聖武天皇の仏教をことさら尊崇と事業への姿勢を継承し、一層推し進めるという意欲を象徴するにとどまらず、道鏡との信仰的な交感の証左であった。まさに称徳天皇が開基檀越で道鏡が開山ということである。

道鏡が最大限に指導力を発揮した仏教政治が実行されたかどうかについては、研究者のあいだでも意見が分かれている。道鏡の政治的な存在感は、たとえ位を極めた法王となり仲麻呂時代の皇后宮職に相当する法王宮職を設置したにせよ、藤原永手・田麻呂(七二二〜八三)・百川と吉備真備といった人々が天皇を中心とする太政官制を支えて政治上の実権を行使していたと思う(道鏡政権では、永手が左大臣・真備が右大臣・田麻呂が参議、弓削御浄浄人が中納言)。

なお、道鏡の行実は、『続紀』の多くが否定的な記述であり、むしろ「正倉院編年文書」や説話集である『霊異記』

によるのがよいと思う。その一例として、谷口耕生氏が指摘（谷口耕生「奈良時代の悔過会と造像」）するように、信濃国出身の優婆塞は、修業時代の道鏡をモデルにしていたように思える記述が、『霊異記』中―一三に、

和泉の国泉の郡血渟の山寺に、吉祥天女の摂像有り。聖武天皇の御世に、信濃の国の優婆塞、其の山寺に来り住み、天女の像に睇ちて愛欲を生じ、心に繋けて恋ひ、六時毎に願ひて云はく「天女の如き容好き女を我に賜へ」といふ。優婆塞、夢に天女の像に婚ふと見、明日瞻れば、彼の像の裙の腰に、不浄染み汙れたり。行者視て、慚愧して言はく「我、似たる女を願ひたるに、何ぞ忝く天女専自ら交りたまふ」といふ。媿ぢて他人に語らず。弟子偸に聞く。後其の弟子、師に礼無きが故に、嘖めて擯ひ去る。擯はれて里に出で、師を訕りて事を程す。里人聞きて、往きて虚実を問ひ、並びに彼の像を瞻れば、淫精染み穢れたり。優婆塞事を隠すこと得ずして、具に陳べ語りき。諒に委る、深く信くれば、感の応ぜざるなきことを。是れ奇異しき事なり。涅槃経に云ふが如く「多婬の人は、画ける女に欲を生ず」といふは、其れ斯れを謂ふなり。

とある。本説話には、「不浄染み汙れたり」と、夢精に関わる記述がある。これをもって、不邪淫戒を犯すという戒律的には許されざる行為に及んだ優婆塞であるが、「行者視て、慚愧して言はく「我、似たる女を願ひたるに、何ぞ忝く天女専自ら交りたまふ」といふ。媿ぢて他人に語らず。」や「優婆塞事を隠すこと得ずして、具に陳べ語りき。」とあるように懺悔に匹敵する慚愧の念をもよおしたことにより、吉祥天への悔過、ないしは、殊更な信仰の表れを説く内容となっているとの指摘がある（石井公成「行為としての信と夢見」、竹村信治「吉祥天像に魅せられて優婆塞―『日本霊異記』から『今昔物語集』―」、永田典子「吉祥天感応譚考―『日本霊異記』中巻第一三縁について―」、播磨光寿「吉祥天感応」）。

血渟の山寺の吉祥天女の摂像（塑像）は、後世、本来の所在地である槇尾山施福寺（和泉市槇尾山町・天台宗）から貝塚

市王子に所在する吉祥園寺(真言宗御室派)に移転したとの寺伝がある。

ただ、弟子が師の行動の一部始終を垣間見てしまい、里人につげたことから、公となってしまった。子細を知った里人は、「大般涅槃経」巻第二五光明遍照高貴徳王菩薩品の一節に

世尊、貧も亦是有なり。若し貧無くば、女相を見る時応に貧を生ずべからず。若し女相に因りて生ずるを得ば、当に知るべし、是の貧は真実に有なり。貧有るを以ての故に三悪道に堕するを。世尊、譬へば人有りて画女を見て亦貧を生じ、貧を生じずるを以ての故に種々の罪を得るが如し。若し本貧無くば、云何ぞ画を見て貧を生ぜん。

とあるのを典拠とするなどして、優婆塞の体験を、いわゆる仏(如来)が修行者の信仰心に応じる「感応」として、信仰心の深き事のゆえと許している。師をそしった弟子の告げ口を意に介することなく優婆塞の「信」のなせることとして是としていることを注視すべきであるとしている。

このことは、「梵網経」第二十三軽戒にみる、

若仏子、仏滅度の後、心に好心もて菩薩戒を受けんと欲する時は、仏・菩薩の形像の前に於て、自ら誓って戒を受けよ。当に七日を以て仏前に懺悔し、好相を見ることを得ば、便ち戒を得べし。もし好相を得ざれば、当に二七・三七、乃至、一年なりとも、要らず好相を得べし。好相を得已らば、便ち仏・菩薩の形像の前にして戒を受くることを得。もし好相を得ざれば、仏像の前にして戒を受くと雖も、得戒せず。もし現前に先に菩薩戒を受けし法師の前にして、戒を受くる時は、要ずしも好相を見ることを須ひず。何を以ての故に、この法師の、師師相授くるを以ての故に、好相を須ひず。ここを以て、法師の前にして戒を受くれば、即ち得戒し、重心を生ずるを以ての故に、便ち得戒す。もし千里の内、能く戒を授くる師なくんば、仏・菩薩の形像の前にして戒を受くることを得るも、しかれども要ず好相を見よ。もし法師、自ら経律・大乗の学戒を解するに倚りて、国王・太子・百

官の与に以て善友となり、しかも新学の菩薩来りて、もしは経の義・律の義を問はんに、軽心・悪心・慢心をもて、一一に好く問に答へずんば、軽垢罪を犯す

とある梵網菩薩戒を授かる際に必須の好相について規定している。好相とは、同じく第四一軽戒に「好相」とは、「仏来たりて摩頂し、光を見、華を見る種々の異相」の意味とあり、修行の結果体験し受戒する資格(信心や受持の証)を得たとする現象である。いわゆる自誓受戒についての規定である。優婆塞も日夜吉祥天を礼拝した結果得られた異相とすることも可能であり、吉祥天への信の証を得たことを意味するものではないか。受戒し沙弥や比丘になるために必要な戒を授かる資格を有していることも物語るのではないか。さらに、吉祥天の感得(信心が神仏に通じること)をめぐっては、「金光明最勝王経」四天王護国品の一節に、

世尊、若し呪を持する時、我が自身の現ずるを見るを得んと欲せば、月の八日、或いは十五日に於て、白氎の上に於て、仏の形像を画き、当に木膠を用いて、雑彩荘厳すべし。其の像を画かん人は、為に八戒を受けよ。仏の左辺に於て、吉祥天女の像を作り、仏の右辺に於て、我が多聞天の像を作り、并に男女眷属の類を画き、座処に安置し、咸く如法ならしめ、花彩を布列し、衆の名香を焼き、灯を燃して明を続くること、昼夜歇むなく、上妙の飲食と種種の珍奇と、殷重の心を発して、時に随い供養せよ。神呪を受持して軽心なること得ざれ。我を請召せん時は、応に此の呪を誦すべし。

という記述を見いだすことができる。仏を中央にして左に吉祥天(図5)、右に毘

図5　吉祥天絵馬（京都府木津川市 浄瑠璃寺）

図6　毘沙門天御札
（栃木県足利市　最勝寺）

沙門天（図6）を安置しての礼拝の作法をみることができる。

ところで、本説話をめぐっては吉祥悔過を基調とする、農業神を優婆塞に、巫女を吉祥天女に凝しての聖婚により地上に豊穣をもたらすという呪農法を意味するのであったとする守屋俊彦氏の指摘（守屋俊彦『日本霊異記論』）は、優婆塞を道鏡に想定している谷口耕生氏の指摘と複合させるといかがであろうか。一時期、山林修行に徹していた道鏡をめぐる神仏習合説話の一例とすることもできよう。

ちなみに、中―一三にみる吉祥天に関する儀礼である吉祥悔過は、神護景雲元年（七六七）正月以来、諸国、ないしは国分寺で行われた。だが、道鏡が失脚するとともに、廃絶された。しかし、『続紀』宝亀三年（七七二）十一月丙戌条によれば、

詔して曰く、頃者風雨不調にして、頻年飢荒せり。此の禍を救はむと欲すること、唯だ冥助に憑まむ。宜しく天下諸国の国分寺に於て、毎年の正月一七日の間に、吉祥悔過を行ひ、以て恒例と為すと。

とあり、翌年には復活している。

吉祥悔過とは、称徳天皇が創始したというよりも、すでに天平勝宝年間に行われていたが、唐代の則天武后（六二三〜七〇五・六九〇〜七〇五在位）を横目にすえて知見を得た法会であり、皇権の存在意義や権威の造型の手段ともなっていった。それは父聖武天皇が大仏造立をもって造型しようとしたのと同様の宗教的・精神的なシステムであった。

ちなみに、称徳天皇を彷彿とさせる吉祥天に関する説話には中―一四がある。

聖武天皇の御世に、王宗二十三人同じ心に結び、次第に食を為して宴楽を設備く。一の窮しき女王有りて、宴衆の列入る。二十二王、次第を以て宴楽を設くること已に訖はりぬ。但此の女王は、独未だ食を設けず。食を備くるに便無し。大きに貧報を恥ぢ、諸楽の左京の服部堂に至り、吉祥天女の像に対面して、哭きて曰く「我、先世に貧窮の因を殖ゑて、今窮報を受く。我が身、食の為に宴会に入り、徒に人の物を噉ひて、食を設くるに便無し。願はくは我に財を賜へ」とまをす。時に其の女王の児、忩々ぎ走り来て、母に白して曰く「快しく故京より食を備けて来れり」といふ。母の王聞きて、走り到りて見れば、王を養ひし乳母なり。乳母談りて曰く「我、客を得たりと聞きしが故に、食を具して来つ」といふ。その飲食蘭しくして、美味芬馥たること、比無く等しきもの無し。具足せぬ物無し。設くる器皆鋺にして、荷は使むる人三十人なり。王衆皆来たりて、饗を受けて喜ぶ。其の食先の王衆に倍し、讃へて富める王と称ふ。「然らずは何ぞ貧しくして、敢へて能く余り溢れ飽き盈ちむや。我が先に設けしより佐れたり」といふ。儛歌の奇異しきこと、鈞天の楽の如し。或るは衣を脱ぎて与へ、或るは裳を脱ぎて与へ、或るは銭・絹・布・綿等を送る。悦の望に勝へずして、得たる衣裳を捧げて、乳母に著せ、然して後に堂に参り、尊像を拝せむとするに、乳母に著せたりし衣裳、其の天女の像に被れり。疑ひて往きて問ふに、乳母答ふらく「知らず」といふ。定めて知る、菩薩の感応して賜はることを。因りて大きに財に富み、貧窮の愁を免る。是れ奇異しき事なり。

とある。王宗は後にある王衆の誤りで、信仰を同じくする人々が定期的に飲食をともにする組織のことで、「王・王女」二十三人による知識結を彷彿とさせる。服部堂は服寺とも称された平城京の左京に所在していたという（福山敏男『奈良朝寺院の研究』）。

服部の名称から服部（はたおりべ）に由来するともいわれている。菩薩云々の表記について、出雲路修氏は、「仏説大吉祥天女十二名号経」に大吉祥天女菩薩摩訶薩とあるように吉祥天女は菩薩とされることがあったとし、本説話の時代としては珍しい呼称としている(出雲路修校注『日本霊異記』)。不空(七〇五〜七四)訳の経典は、すでに天平年間に将来されているが、本経典は、石田茂作氏の「奈良朝現在一切経疏目録」には見いだせない。また、「鈞天の楽」について、礼楽類の一書として「正倉院編年文書」中の天平二十年(七四八)六月十日の「写章疏目録」に初出しているとする。なお、貧しい女性が、諸仏の霊験によって望外の富を得る事例は中—二八(釈迦如来)、三四(観世音菩薩)、四二(千手観音)がある。

以上の中—一三と一四の二説話に登場する吉祥天の所依の経典である「金光明最勝王経」巻第八大吉祥天女増長財物品第一七の一節には、

若し呪を受持し読誦するあらん者は、応に七日七夜、八支戒を受くべし。晨朝の時に於て先ず歯木を嚼み、浄く澡漱し已り、晡後に及びて、香花もて一切諸仏に供養し、自ら其の罪を陳べ、当に己が身、及び諸の含識のために、廻向発願し、希求する所をして速やかに成就することを得せしめよ。一室を浄治し、或いは空閑の阿蘭若処に在りて瞿摩を壇と為し、栴檀香を焼きて供養を為し、一勝座を置きて、幡蓋もて荘厳し、諸の名花を以て壇内に布列せよ。応当に至心に前の呪を誦持して、我が至るを希望すべし。我、爾の時に於て、即便ち是の人を護念し、観察し、来たりて其の室に入り、座に就きて坐し、其の供養を受けん。是れより以後、当に彼の人をして睡夢の中に於て我を見るを得しめん。求むる所の事に随い、実を以て告知せば、若しは聚落・空沢、及び僧の住処に、求むる所の者に随いて皆円満せしめ、金・銀・財宝・牛・羊・穀・麦・飲食・衣服、皆心に随い諸の快楽を受くを得べし。

とある。前述の中—一三にみる優婆塞が「天女の像に睇ちて愛欲を生じ、心に繋けて恋ひ、六時毎に願ひて云はく

「天女の如き容好き女を我に賜へ」といふ。優婆塞、夢に天女の像に婚ふと見、明日瞻れば、彼の像の裙の腰に、不浄染み汙れたり。」とあるのは、決して夢遊病のなせることではなく、吉祥天への信仰心により夢中に吉祥天と出会ったのであり、中—一四では女王が宴会の費用をまかなうことができたのも、信仰心により吉祥天がもたらした利益であることが了解できる。二説話は、ともに「金光明最勝王経」に依拠したストーリーであるということである。

吉祥天への信仰心を媒介として、吉祥天と信仰者が功徳のやりとりにかかわる説話である。すなわち武田比呂男氏が指摘する「交感」を行っているものといえる(武田比呂男「仏像の霊異—『日本霊異記』における〈交感〉の一面—」、『仏法と怪異』)。道鏡と神仏の交渉の様を物語る例が中—一三である。

武田氏は、「交感」について、神や仏など霊的なものと人間との、言語や祭祀その他による、必ずしも意図的なものに限らない交渉・伝達のあり方をひっくるめて指しているとしている。しかし、私は武田氏の指摘をふまえつつ、限定的に仏教者が特定の個人を仏教の力で救済するという意味をあえてこめた。加えて後述する「交歓」という語句を「交感」に対する語句として措定した。すなわち、仏教者が仏教の力によって不特定多数の人々を救済する意味として多用した。

中—一四にみる女王は、後に孝謙天皇となる阿倍内親王が自ら吉祥天に帰依することによって、恒例の宴を催すための資財をまかない、諸王女の中にあって光を放つ存在へと変貌し、聖武天皇の皇太子の地位を盤石なものとする契機を得たとする原体験を彷彿させる説話といえないか。

すなわち、下—一三・一四の両説話は、吉祥天への信仰譚、吉祥悔過の利益譚として、景戒が現前に見聞した称徳天皇の命によって諸国国分寺で厳修された吉祥悔過や道鏡と天皇との関係の覚めやらぬ記憶を手がかりに採話なり作成した説話であった。いわゆる道鏡関連説話とすることができないか。それをもって中—一三を単純に「道鏡の艶笑譚」とするのは無理があろう(多田一臣「弓削道鏡の艶笑」)。

ところで、『続紀』天平宝字七年十二月丁酉条によれば、

礼部少輔従五位下中臣朝臣伊加麻呂、造東大寺判官正六位上葛井連根道、伊加麻呂が男真助の三人、酒を飲みて言語ふこと時の忌諱に渉ると云ふによりて坐せらる。伊加麻呂は大隅守に左遷せられ、根道は隠岐に、真助は土佐に流さる。其の告人酒波長歳に従八位下を授け、近江史生に任ず。中臣真麻伎には従七位下、但馬員外の史生とす。

とある。道鏡と称徳天皇の二人をめぐる環境や雰囲気の一端をすでに知ることができる記述がある。「時の忌諱」とあるのは、すなわち次第に台頭してきた道鏡と天皇との関係についてではないか。

伊加麻呂の官職である礼部とは、藤原仲麻呂の政策によって行われた官職の唐風化で改名された治部省のことである。玄蕃寮を通じて僧綱、三綱をへて官寺や官僧を監督する機関である。また、造東大寺とは、正しくは造東大寺司のことで、そこには造仏所や写経所などが付設され東大寺の造営にかかわる臨時の機関である。ともに平城京に所在していた官司に所属していたので、平城京に漂う諸事情に詳しかった官人であった。

さらに酒波長歳の一族であろうか、酒波家麻万のように東大寺に設置された写経所に出仕している者がいる。同様に告密を行った告人の中臣真麻伎も、中臣朝臣伊加麻呂と同族であったかもしれない。写経所での勤務や同族といった関係のある人物たちによる酒宴での話がきっかけでおこった密告事件である様子がうかがえる。

中臣朝臣伊加麻呂と真助の親子、葛井連根道の三人の官人が、道鏡と称徳天皇の二人の関係について噂するということは、平城京では、すでに公然の秘密となっていたのであろう。現代的にいえば、二人の関係を酒の肴にしてしまったのである。そのことが、天皇にかかわる国家的に重大な内容であったので、酒波長歳と中臣真麻伎の二人は、律

令政府に告言した。国家の大事にかかわるので、密告や告言というよりは律の条文にみえる「告密」と称するのが正確である。

そして、告密された三人は、本来は死罪などの厳罰に処せられるのであるが、ともに大隅国、隠岐国、土佐国といった遠国への左遷・流罪、つまり遠流の処罰を科せられた。一方の告密を行った酒波長歳と中臣真麻伎の二人は、その褒美としてともに平城京からはなれた近江や但馬という国々の国衙の下級官人の職をえた。叙位と地方の官職への赴任であるが、官位剥奪と外国（大和国など畿内の国々以外の国）への流罪と大差のない処遇といえないか。そこには、関係者をすべて外国へ追い出す思案を読み取るのは、うがちすぎであろうか。

古代社会が存外、密告社会であったという逸話である。「時の忌諱」という記述にこだわるならば、両者の関係は、政治的なものとなり道鏡の地位は、平城京の周辺では、時の権力者である藤原仲麻呂をも凌ぎつつあったことを物語るのであろう。以上の事件が起こったのは、藤原仲麻呂が琵琶湖畔で死去する九ヶ月前のことである。

藤原仲麻呂と道鏡は、紫微中台には法王宮職、太政大臣には太政大臣禅師・法王、さらには貨幣の鋳造をめぐって万年通宝・太平元宝・開基聖宝には神功開宝と諸々の面で対抗心をむき出しにした争いだけではなく、ともすると鑑真教団がもたらした新来の学術の継承をめぐってもあったように思う。時には写経事業をめぐってもはりあった。

これについて、藤本昌子氏は、仲麻呂が造東大寺司を通して越前を支配し、自己顕示のために大規模な写経を行ったのに比べ、道鏡は、書写する経典をことさら選択するなどしていた（藤本昌子「藤原仲麻呂と道鏡：写経事業をめぐって」）。写経事業そのものに強い関心があったようである。そして、造東大寺司を支配することはせず、写経事業だけを独立させて奉写一切経司を設置している。そこが政治家である仲麻呂と、僧侶で小豪族出身の道鏡の違いだったと言えようと言及している。さらに、藤原仲麻呂と道鏡の存在感の相違を指摘している（藤本前掲書）。すなわち、もちろん天皇の権威が道鏡の背後に存在していたことを念頭に置いた指摘ではあるが、はたして違いの意味することは何であったか。ちなみに、道鏡は、天平宝字八年九月に藤原仲麻呂が敗死するやいなや、諸方面に仲麻呂が東大寺などから借り出していた経典類の回収を執拗に行っている。これも道鏡の写経への強い関心の現れであろうか。

天平宝字七年頃、近江保良宮での二人の出会いは、玄昉と藤原宮子の出会いと同様に看病という護持僧、内堂場の僧としての職能によってもたらされた。称徳天皇は、吉備真備と道鏡という聖俗の陪臣を得て、藤原仲麻呂の敗死の直後に再び皇位につき称徳天皇と称した。陪臣は、確かに吉備真備と道鏡の二人であったが、吉備真備の最高位は右大臣であった。太政官の通常の最高位左大臣は、藤原永手であった。藤原氏の存在が、厳然としている。永手はかつて藤原仲麻呂に敵視されはしなかったが、政界の中枢から排除され続けた経緯がある。

太政大臣禅師、法王へと栄進を遂げた道鏡が、天皇の位を望むようになった経緯について、岸俊男氏は、藤原仲麻呂との関係があると指摘している（岸 俊男「天皇と出家」）。つまり、道鏡は終始、仲麻呂が行った施策を模倣しようとした。たとえば、天平宝字八年（七六四）の恵美押勝（藤原仲麻呂）の乱の直後、道鏡が西大寺の創建に力を尽くしたのは、仲麻呂が東大寺の建立に努力したのに匹敵する。その他に太政大臣禅師の就任は従一位（太政大臣）の就任、法王宮職の設置は光明皇后の紫微中台の設置とその長官への仲麻呂の就任、河内国の由義宮の建設は近江国の保良宮の建設、神功開宝（銅銭）の鋳造は開基勝宝・太平元宝・万年通宝の鋳造に各々対応している。さらには中衛府に対する外衛府の設置や内豎所の内豎省への格上げについても言えるであろうとしている。

加えて、岸氏は、天平宝字元年三月に、天皇の幼名など氏族名にすることを忌避したことを連想させる藤原部を久須渡良部、君子部を吉美侯部と改めさせたように、藤原仲麻呂の底流に天皇と藤原氏を対等にみなそうとする意識がはたらいていたことを考えるべきであると指摘している。すなわち、これは、仲麻呂と擬制的な親子関係で結ばれていた大炊王(即位して、淳仁天皇)を天皇に擁立することによって天皇とみずからの一族を身内的な関係に置こうとしたことにも現れていると指摘している(岸 俊男「天皇と出家」)。こうした仲麻呂の自らの一族を天皇の同族とするという意識も、道鏡が仲麻呂に強い競争心、さらには敵愾心をもって、結局は天皇の位を望むようになったのは理解できないことではないとするのが岸氏の指摘である。

さらに、上述の宝亀三年夏四月丁巳条の一節に「居こと頃ありて、崇めて法王を以てし、載するに鸞輿を以てす。衣服飲食、一ら供御に擬す。」とあるような、道鏡の居丈高な振る舞いを想起させる記述がある。『続紀』神護景雲三年春正月壬申条には、

法王道鏡、西宮前殿に居り、大臣已下賀拝す。道鏡自ら寿詞を告く。

とあり、さらに同丙子条に、

法王宮に御し、五位已上を宴す。道鏡、五位已上に摺衣人ごとに一領、蝦夷に緋袍を人ごとに一領を与ふ。左右大臣には綿各々一千屯を賜ふ。大納言已下にも亦差有り。

とあるのが、それである。前日の称徳天皇への朝賀の儀に引き続いて、左大臣藤原永手と右大臣吉備真備以下を謁見し、さらには居所として得た法王宮で宴を催すなどして、地位を顕示している様子がうかがえる。

㈢ 中国僧の来日と道鏡

若き日の道鏡が過ごした時代は、天平七年(七三五)の道璿や天平勝宝六年(七五四)の鑑真の来日などにより唐代の文化を摂取して止まない時代であり、奈良仏教が活気に満ちていたといえる。

鑑真の来日は、養老二年(七一八)に帰国した大安寺の道慈や天平七年に帰国した興福寺の玄昉がもたらした前兆を

さらに加速し、ことに「奈良密教」の醸成にも大いに寄与した。

道鏡が良弁のもとでの修行によって得たものは、実は道慈以降、多くの経典をもたらした玄昉との関わりも深かったと言うべきであろう。玄昉は、天平十七年(七四五)に急遽、筑紫観世音寺へ配流させられた。これは、仲麻呂と橘諸兄の妥協の産物であり、両者の利害が一致したことによる。橘諸兄は自分の領地である恭仁京への遷都を台無しにされたこと。仲麻呂は、玄昉が僧綱の首班でありながら、僧綱を構成する奈良仏教界の落胆をかいま見て、これを的確に利用して、玄昉の仏教者としての勢力をそぐ挙に出たのである。教学的に如何に優れていたにせよ玄昉の行動は、あまりにも理想主義的であり、政治的すぎた。加えて肝心の仏教界の支持も失ってしまった現状において、学徳にすぐれていたにせよ玄昉は、律令政府にとって無用の長物となった。僧綱の実質的な任免権を握っていた仲麻呂にとって、玄昉を僧正の地位から引きずりおろすことは簡単であった。

僧正の地位は、僧尼令任僧綱条に、

凡そ僧綱に任せむことは、謂はく、律師以上をいふ。必ず徳行ありて、能く徒衆を伏せむ、道俗欽ひ仰ぎて、法務に綱維たらむ者を用ゐるべし。挙せむ所の徒衆、皆連署して官に牒せよ。若し阿党朋扇して、浪に無徳の者を挙すること有らば、百日苦使。一任の以後、輙く換ふること得じ。若し過罰有らむ、及び老い病して任ふまじうは、即ち上法に依りて簡び換へよ。

とあり、一定程度の条件が設けられていた。こうした条件があるにもかかわらず、玄昉は、奈良仏教界の金城湯池である平城京を捨て紫香楽宮で大仏造立を行い、仏教界の反発をかうこととなった。例えば律令的国家仏教の権化としての大仏は、平城京にあって意義があるものであり、遠く離れた紫香楽宮では、玄昉にとっては理想の実現であり彼の権威を高めるものであっても、奈良仏教界には全く意味がない。

大仏造立の地を奈良仏教の適地であるとされてきた平城京からはなれ紫香楽宮に求めるということは、律令的国家仏教を支える奈良仏教の存在すら脅かしかねない事態であった。こうした奈良仏教界の不満を、仲麻呂は的確につかみ、奈良仏教界も安堵したであろう平城京の地での大仏造立という目標を達成するために、行基を大僧正に登用することを橘諸兄に提案(耳打ち)したのであった。

橘諸兄は、見事にこれに従ったのである。そして、行基は大僧正となり僧正である玄昉を僧綱の地位において凌駕した。さらに追い打ちをかけるように、天平十七年に玄昉は、行基の大僧正就任を背にして筑紫観世音寺の造立の任にあたるべくあわただしく旅立っていったのである。

旅立ちの後、すぐさま律令政府は玄昉の財産没収を実行したのである。その財産の中には、藤原氏も恩恵に浴したであろう玄昉による「開元釈教録」に基づく一大経典群の将来があったことはいうまでもない。これにより、かつて光明皇后は、この一大写経群に基づいて天平十年代の初頭から官営の写経所を組織して、典籍の書写事業を推進したのであった。それだけ藤原氏は、この一大写経群の存在価値を熟知していたのである。

玄昉の失脚の結果、これらの写経群は、律令政府の手、実質的には藤原氏の元に置かれることとなった。もちろん、時の僧綱の管理下にも置かれていたことはいうまでもない。唐代仏教の権化である玄昉の権威の源泉は、喪失し、唐へ留学して修得した僧の学識は、ここにある意味では奈良仏教界の共有の財産となったのである。

ところで鑑真の来日は道鏡の行実にどのような影響を与えたであろうか。鑑真教団は、戒師招請という国家的な意向に添うだけではなく、新たな役回りなり、存在感を見出したのではないか。鑑真がもたらしたものは、三師七証による正式な授戒制度の確立だけではなかったと考えたい。鑑真(その弟子を含めて、以下、鑑真教団と称す)と藤原仲麻呂・光明皇后との仏教的な関係を視野に入れた仏教美術史研究の成果をふまえるならば、鑑真教団がもたらした戒律以外の新来の「教学」への藤原仲麻呂・光明皇后の帰依の「さま」に注目したい。例えば、光明皇后の病気の際の諸仏造像は、まさに新来の教学に基づく「現世的呪術的」な目的を達成するための造像以外の何物でもなかったといえよう。

さらに鑑真は、「唐大和上東征伝」に、

其の(長安、筆者注：七〇一)二年三月二十八日、西京実際寺にて登壇し、具足戒を受く。荊州南泉寺弘景律師を和上と為し、二京を巡遊して三蔵を究学す。後、淮南に帰り、戒律を教授し、江淮の間、独り化主たり。是に仏事を興建し、群生を済化す。其の事繁多にして、具さに載すべからず。

とあるように中国南部の揚州を中心に人々に布教してやまなかった姿が描かれている。来日後も、東大寺戒壇院や唐招提寺にあって、授戒の場を開放し、広く僧俗を隔てることなく戒を授け、僧俗一体となって、日本全体を仏国土にしようとの信仰的な理想があったように思う。

『霊異記』でいえば、中―一三のような「仏」と信仰的な「交感」のみに終始していた僧侶を人々のいる外界へと飛び立たせる、いわば不特定多数の人々を救済する「交歓」の場にひきだすことを行基以上に促すことになったと考えたい。来日後の鑑真は、より教学的に僧俗一体となった信仰活動を確信犯的に実行した、ないしは実行しようとした「官僧」の一人となったということである。これに対して、僧尼令を遵守していた僧綱中心の官僧には、自らの僧侶という特権的な地位の喪失をイメージするとして、鑑真教団の存在を危惧したであろう。鑑真ないしは、鑑真教団への反発の要因の一つとなったとすべきである。

それでも、進取の気性に富む、ないしは研究熱心な学徒であった道鏡は、おそらく師良弁のもと、ないしは常日頃頻繁に出入りを重ねていた造東大寺司の管轄下にあった写経所にあって、鑑真がもたらしたであろう唐代仏教の波動

表 3　道鏡関係経典

経典名	正式名称	訳者	備考
宝星経	宝星陀羅尼経	波羅密多羅	天平 8 年、7-53
七仏所説神呪経	七仏八菩薩所説陀羅尼神呪経	失訳	天平 9 年、7-68
金剛般若経	金剛般若波羅蜜経	六者訳	天平 4 年
浴像功徳経	浴仏功徳経	義浄	天平勝宝 6 年、4-497
灌洗仏形像経	灌洗仏形像経	法炬	天平 8 年、7-59
南海伝	南海寄帰内法伝	義浄	天平 11 年、7-87
无垢浄光陀羅尼経	无垢浄光大陀羅尼経	弥陀山	天平 9 年、7-69
摩利支天経	摩利支天菩薩陀羅尼経	不空	天平 9 年、8-60
陀羅尼集経 (4.9)	陀羅尼集経	阿地瞿多	天平 9 年、7-75
浄土盂蘭盆経	浄土盂藍盆経	不詳	天平 5 年、7-10
奉盆経	報恩奉盆経	失訳	天平 5 年、7-17
般若理趣経	大楽金剛不空真実三摩耶経般 若波羅蜜多理趣品	不空	天平 6 年、7-21
最勝王経	金光明最勝王経	義浄	神亀 2 年
大楼炭経	大楼炭経	法立共法炬	天平 10 年、7-111
摩鄧伽経	摩鄧伽経	竺律炎・支謙	天平 5 年、7-16
摩鄧女解形中六事経	摩登女解形中六事経	失訳	天平 14 年、8-4
大金色孔雀王呪経	大金色孔雀王呪経	失訳	天平 9 年、7-74
仏説大金色孔雀王呪経	仏説大金色孔雀王呪経	(尸梨蜜多羅)	
孔雀王呪経	孔雀王呪経	伽婆羅	天平 9 年、7-71
大孔雀王呪経	大孔雀呪王経	義浄	天平 9 年、7-43
十一面観世音神呪経	十一面観世音神呪経	耶舎崛多	天平 10 年、7-176
十一面神呪心経	十一面神呪心経	玄奘	天平 9 年、1-69
曼殊室利菩薩呪蔵中一字呪 王経	曼殊室利菩薩呪蔵中一字 呪王経	義浄	天平 2 年、7-59
大陀羅尼末法中一字心呪経	大陀羅尼末法中一字心呪経	宝思惟	天平 9 年、7-74
賢愚経	賢愚経	慧覚	天平 5 年、7-19
大仏頂首楞厳経	首楞厳三昧経	鳩摩羅什	天平 8 年、7-52
大方等大雲経	大方等無想経	曇無讖	不詳、12-67
大方等修多羅了義経	大方等修多羅王経(?)	菩提流支	天平 9 年、7-30
開元釈教録	開元釈教録	智昇	天平 9 年、7-27
真言要決	真言要決	不詳	天平 20 年、3-89

※石田茂作「奈良朝現在一切経目録」(『写経より見たる奈良朝仏教の研究』附録・復刻版、東洋書林、1982 年)
※備考欄には、「正倉院編年文書」に初出した年時と巻数・頁を記した。

に接し、憧憬し、そして、その習得に余念がなかったと思う。道鏡は、それらを自らの仏教的な素養の充実のための糧にしていったように思う。研究熱心な様子が、表3「道鏡関係経典」に見るように、道鏡が写経所から借り受けた経典群の多さによってうかがうことができる。そして、経典群の多くが、「密教系」の経典であることもわかる。

道鏡は、行基と鑑真を念頭に置くと、まさに若き日に体得した「交感」と行基と鑑真から学び取った「交歓」を一体化させるという、これまでの官僧とは異なる破格の仏教者へと変貌をとげていったように思う。そこにある種の人々（例えば藤原氏）は、「空恐ろしさ」を感じたであろう。ここに私は、道鏡によって「奈良仏教」の到達点としての「奈良密教」への変貌という舞台作りが行われたことを読み取りたい。

これについて、堀池春峰氏は、こうした脈略の中で企図されたのが、「無（无）浄光陀羅尼経」を所依として、天平宝字八年に発願され、宝亀元年（七七〇）四月に完成した百万塔陀羅尼であったとしている（堀池春峰『南都仏教史の研究』）。これは、発願の直前に起こった藤原仲麻呂の乱で敗死した仲麻呂一族による呪詛を封ずるためであったとも指摘している。

さらに天平宝字八年の慈訓の僧綱解任について、単に仲麻呂との関係においてのみ考察の対象とするのではなく、呪術的仏教（いわゆる行）が教学的なそれ（いわゆる学）に代わって主導的地位を得ようとする現象の一つとすべきである。道鏡の出現によって奈良末期の仏教が、いよいよ古密教的側面を顕著に帯びつつあったことも指摘している。また、平安末期の道鏡伝である高山寺蔵の「宿曜占文抄」を紹介し、称徳天皇をも秘法伝授を介して、いよいよ弟子にするなど自己の運命を開拓し、呪術的・加持祈禱的な分子、ないしは徒党的僧団の組織をはかっていたと指摘している。

何よりも密教化している奈良仏教の実利的な機能に魅せられたのが、道鏡の弟子たちではなかったか。その弟子の一人として、称徳天皇もいたということが、堀池氏の指摘するところであろうか。天皇と道鏡の関係は、秘法伝授であり、内容としては、救済の助力の伝授と為政者(天皇)として自らの運命をも見通す「天眼」にも相当する力を身につけることにあったのであろう。

(四) 道鏡と神仏習合

道鏡をめぐる神仏関係としては、例えばすでにかかげた『続紀』天平神護元年(七六五)十一月庚辰条の一節にあるように、天平神護元年十一月の称徳天皇の即位の際の大嘗祭に際して、本来、仏教者(道鏡)が同席することが不可能な大嘗祭に参列するという象徴的なことに発展する。

聖武天皇の出家とその葬儀が仏式で行われたことと同様に、大嘗祭に道鏡という仏教者を混在させたとの印象を、時の為政者に与えた。これは、神の子天皇という伝統的な存在感を脅かすものであり、異様なかたちの神仏交渉と習合を象徴するものと藤原永手や吉備真備など為政者のまなざしには映ったに違いない。

特に藤原氏にとっては、不比等以来、神の子として天皇を頂き忠臣中の忠臣として自負していただけに、その衝撃は大きかったと思う。自らが築きあげた聖なる世界への挑戦とうけとめたであろう。その意味でも、藤原氏は自らの権力の源泉を維持するために道鏡によってもたらされた神仏習合への急傾斜に歯止めをかける必要を感じた。

道鏡は、天皇・貴族層(藤原氏を主とする)の手によった権力構造の再編・再構築のメカニズムを、現実に存在する僧(道鏡＝仏)と天皇(称徳天皇＝俗＝神)の習合化に適用した。そして、人々には、藤原仲麻呂などの藤原氏を主体とする天皇観・皇室観の動揺と改編をせまり、結果として精神史的に神を凌駕する仏法の王たる法王＝道鏡が皇位につきうる筋道として受けとめられていた。これは、藤原氏にとっては脅威であり、ひいては悪の源泉となり、悪僧としてのイメージが造形される原因の一つとなったと思う。

このことによるのか、道鏡失脚後に藤原氏の一団は、いち早く、「月読神の祟り」をもって伊勢大神宮寺の所在地を、宝亀三年(七七二)八月には度会郡(現在の三重県伊勢市付近)から飯高郡(現在の三重県松阪市付近)へ、さらに宝亀十一年(七八〇)二月には、神郡の近辺をさけて飯野郡(現在の三重県松阪市東部付近)以外の地に移転させるなどして、天皇の宗廟である伊勢神宮の神仏分離をはかり、天皇の系譜への仏教的な影響の排除に着手した。さらには新たな神仏関係の模索を図った。

これに関連して、高取正男氏によると、後の光仁朝を通じて大中臣清麻呂が称徳天皇と道鏡による仏教政治の後始末をし、とくにその子と甥を通じて伊勢神宮における排仏を主導したとみられることが、それを示しているという(高取正男『神道の成立』)。清麻呂は神祇信仰の仏教に対する独自性を重視し、そのころ顕著になりはじめていた仏者側からする神仏習合論の無限定な適用や拡張解釈に反対する思想のもち主として、ときの太政官政治の中枢に位置したと考えられる。

さらに高取氏は、称徳天皇重祚の大嘗祭に道鏡たち法体のものが参列したことに抵抗感をいだいた人たちの代表に、この清麻呂その人を考えるのはけっして誤っていないと思われるとしている。

光仁天皇は藤原氏を主体として、道鏡がもとめる神仏関係ではなく、従来の藤原氏がもとめる天皇の存在に関わることのない神仏関係を再構築することとなった。神仏関係の動揺は、まさに藤原氏の権力基盤の動揺でもあった。それだけに藤原氏は、神仏習合のあり方に大いに関心があったと思う。吉田一彦氏が指摘するように、神仏習合は、東アジア共通の現象であるとの見解は承知している(吉田一彦「多度神宮寺と神仏習合—中国の神仏習合思想の受容をめぐって—」)。

神仏習合とは、日本の在来の多様・多種のカミガミ(神々)が新たに伝来した仏教と接触・交渉することによって生じた様々な宗教的・思想的・文化的な融合現象であるといえる。両者は時には対立・反目し、時には神の諸々の苦悩から救済するという支えあう関係を築き、交渉から融合・習合へと関係を深めていった。

当初、人々が恐れ敬ったカミガミは、勧請されて祭祀が終わった後、その時だけ設置された祭場から山野の奥などにもどっていった。次第に、人々はカミガミの姿を大岩、滝そして、大木、蛇や鹿などの動植物、雷などの自然現象に見いだした。そして、まつられる場所も特定化されて神殿や社殿が建設されることとなった。仏教との交渉にともない次第に体系化・組織化し、神や神祇信仰と称されることとなった。

両者の関係を端的に示すのが神前での僧尼による読経(神前読経)である。僧尼の読経により、神は苦悩などから解放され、これにより神は仏教を守護するということ(護法善神)へと変貌する機会を得ていった。さらには、神々(垂迹)は仏・菩薩(本地)が人々を救済するために仮の姿として現れた(権現)とするという本地垂迹説への展開である。

例えば、伊勢の天照大神の本地は十一面観世音ないしは大日如来であった。春日大社は四神四殿で一社であるが、第一殿(たけみかずち)を不空羂索観音、第二殿(経津主神)を薬師如来、第三殿(天児屋命)を地蔵菩薩、第四殿(比売神)を十一面観世音に配している。さらに、熊野三山では、熊野坐神社(本宮)を阿弥陀如来、熊野速玉神社(新宮)を薬師如来、那智大社を千手観音とし、熊野三所権現と総称している。

神仏習合は、単に文化現象にとどまるのではなかった。元来、日本列島の全域で、氏上という在地の有力豪族のもとで氏人という人々が、戴く神々のもとで中央の勢力者に対して、村落(共同体)単位で半ば独立的に生活していた。しかし、神々は仏教との接触・交渉によって系列化・体系化されることにより、中央の大豪族による統一的な政治体制のもとに置かれるという契機をもたらした。いわば神々の世界が抱える政治性である。そうした施策の一環として後代の律令政府が行ったのが、気比、気多の両社をはじめとする全国の有力な神社への神階授与であった。神階は、律令制度のもとにあった官位と同様に一位から少初位までとなっている。官位を授与された各社には中央政府や国衙から春夏秋冬におよぶ常々、または臨時の祭祀の際に幣帛という経費が支給される官社となった。

これは、寺院における官寺と全く同様の施策である。在地の神々が中央の神々を中心に序列化・系列化されることにより、中央と地方の政治的な関係も序列化・系列化していったのである。神々の環境の変化はまさに政治的環境の変化でもあった。神仏習合を単純に宗教史的な研究課題のみとすべきではない所以がここに存在する。ましてや、鎌倉期には神々の側からの反転攻勢により生じたであろう反本地垂迹説、さらにはその帰結ともいえる神仏分離に至った経過を念頭に置くとなおさらである。

道鏡は、宮廷にまします神々と自ら法会を行うことはもちろんであるが、それらを通じて交渉と習合を繰り返すことにより、いわゆる仏教を守護する、したがう神々へと変貌させたのである。こうした聖俗関係の変化は、政治体制の変貌と捉えられたとはいえないか。内法優位の現実を多くの人々に焼き付けるのは効果的な所業であったろう。

二　道鏡と官僚

㈠道鏡への圧力

称徳天皇は、学僧としての資質を兼ね備えた道鏡に導かれるかのように、天平宝字八年(七六四)十月に、淳仁天皇を廃して出家者の身でありながら再び天皇の位についた(これを重祚という)。即位の儀式の場には、法衣を着た道鏡も参列した。

しかし、天皇と道鏡による「交感」は、永く続かなかった。それは天平神護二年の毘沙門天の像の前に舎利を出現させるなどの奇瑞—これは「祥瑞」に転換した—をともないながら、結果として、太政大臣禅師、さらには法王と天皇という外見上では、両者の区別はあるものの、世情では際限のない仏教と天皇との関係の深まりと否定的に受け止められた。そこには、すでに宗教と政治の権威・権力の住み分けすらなかった。これが、瀧波貞子氏が指摘する天皇と道鏡による共治体制ということであろうか（瀧波貞子『最後の女帝』、『奈良朝の政変と道鏡』）。

道鏡と称徳天皇との「交感」の終焉の「きざし」は、天平神護二年（七六六）の隅寺（現在の海龍王寺・奈良県奈良市法華寺北町・真言律宗）での舎利出現が、後に神護景雲二年（七六八）に道鏡の弟子僧の一人である基真が造作したという真相が明らかとなり基真は師に対しての非礼もあり処罰を受けた。これを機として、道鏡の威光にカゲリが見え始め、宇佐八幡神の託宣を機とする「道鏡事件」へと発展した。

ついで、神護景雲三年（七六九）九月の和気清麻呂による宇佐神宮での神託をめぐる騒動で、道鏡の地位は動揺し始めることとなった。和気清麻呂の行動は本来的には、律令の一篇目である「律」名例律大不敬条に

> 六に曰く、大不敬。謂はく、大社を毀ち、及び大祀の神御の物、乗輿の服御の物を盗み、親璽・内印を盗み、及び偽りて造り、御薬を合和するに、誤ちて本方の如くせず、及び封題誤てるをいふ。若しくは、御膳を造るが、誤ちて食禁を犯せる、御幸の舟船、誤ちて牢く固くせず、乗輿を指斥するが、情理切害ある、及び詔使に対ひ捍むで、人臣の礼無きをいふ。

とあり、臣下の者が天皇の日常生活について、云々することすら大罪であったとすべきであろう。むしろ清麻呂を不忠の臣とすべきであろう。事実、当初、清麻呂は遠国に流罪された。しかし、これを機として、道鏡への圧力が始まったといえないか。

『霊異記』では、確かに赤裸々な表現をしているが、それ以上の仏教的な善悪の判断を道鏡に下していないように思う。例えば、道鏡と天皇の悪しき関係を象徴する西大寺の創建をめぐって、すでにふれたように『霊異記』下―三六をみると、

正一位藤原朝臣永手は、諾楽の宮に宇御めたまひし白壁の天皇の御時の太政大臣なり。延暦元年の頃、大臣の子従四位上家依、父の為に悪しき夢を見て、父に白して言はく「知らざる兵士三十余人来りて、父の尊を召しつ。此は悪しき表相なるが故に、謝み除したまふべし」とまをす。然白し驚かすと雖も、父、応ぜず。然して後に父卒りぬ。時に子家依、久しき病を得るが故に、禅師、優婆塞を請け召して、咒護せ令むるに、猶愈差まず。時に看病の衆の中に、一の禅師有り、誓願を発して言はく「凡そ物法に憑りて、修行する大意は、他の活ける命を救ふにあり。今我が寿を、病者の代身に施さむ。仏法実に有らば、病人の命活きよ」といひて、命を棄てて瞻みず。手の於に熘を置き、香を焼きて、行道し、陀羅尼を読みて、忽に走り転ぶ。時に、病者託ひて言はく「我は永手なり。我、法花寺の幢を仆さ令め、後に西大寺の八角の塔を四角に成し、七層を五層に減じき。此の罪に由りて、我を閻羅王の闕に召し、火の柱を抱か令めて、挫釘を我が手の於に打ち立てて、問ひ打ち拍つ。今閻羅王の宮の内に煙満つ。王問ひたまはく『何ぞの煙ぞ』といふ。答へて曰く『永手が子家依、病を受けて痛み、咒する禅師、手の於に香を焼く、彼の煙なり』といふ。即ち閻羅王、我を免し擯ひ返し貺ふ。然れども我が躰滅びて、寄宿る所無きが故に、道中に漂ふ」といふ。是に食はざる病者、飯を乞ひて食ひ、病差みて起ち居り。夫れ幢は、是れ転輪王の報を招く善因なり。塔は、是れ三世の仏舎利を収むる宝蔵なるが故に、幢を仆すに依りて罪を得、塔の高さを減ずるに由りて罪を被るなり。恐りざる応からず。是れ近き現報なり。

とある。道鏡が称徳天皇の意を受けて行っていた西大寺の建設計画を、藤原永手が「八角の塔を四角に成し、七層を

五層に減」ずるなどして縮小したことで悪報を受けたことにまつわる説話である。永手は、藤原氏の一人でありながら藤原仲麻呂の追討にあたり、道鏡政権では左大臣の要職にあった。

ついで永手は、天皇が死去するや白壁王（即位して光仁天皇）を擁立して道鏡の排除の先駆的な役割を担った人物であった。いわば光仁天皇即位の立役者であり、後の桓武天皇の誕生の前提も形成した人物であった。

こうしたことから、光仁天皇は、宝亀二年（七七一）二月に五十八歳で死去した永手に太政大臣の官職を贈り、その功績に報いている。しかし、景戒が道鏡追放の当事者である藤原永手を、「夫れ幢は、是れ転輪王の報を招く善因なり。塔は、是れ三世の仏舎利を収むる宝蔵なるが故に、幢を仆すに依りて罪を得、塔の高さを減ずるに由りて罪を被るなり」として悪報譚をもって語ったのは、もちろん仏教の教化のために登場させるために永手が充分な地位にあったという意味もあった。だが、景戒には何よりも永手に仏教者の観点から筆誅を加えることによって、道鏡に対する異なった評価が他に存在していたことを暗に物語ろうとの意図があったように思う。さらに、下―三七には、

従四位上佐伯宿禰伊太知は、平城の宮に宇御めたまひし天皇のみ世の人なり。時に京中の人、筑前に下り、病を得て忽に死にて、閻羅王の闕に至る。目に見えずして、聞くに、大地に響かして打たるる人の音有り。呵びて言はく「痛きかな、痛きかな」と、打つ遍毎にいふ。諸史に問ひて言はく「若し此の人世に在りし時に、何の功徳善を作せる」とのたまふ。諸史答へて言はく「唯法花経一部を写し奉れり」といふ。王の言はく「彼の罪を以て経巻に宛てよ」とのたまふ。巻に宛つると雖も、罪の数倍勝れること無量無数なり。亦経の六万九千三百八十四文字に宛つるに、猶罪の数倍りて、救ふところ無し。因りて時に王、手を拍ちて言はく「如許は世間の衆生の罪を作し苦を受くるを見るに、未だ此の人の如く、太甚だしく罪を作せるを見ず」とのたまふ。竊に傍の人に問ふ「此の打たるる人は誰そ」といふ。答へて曰はく「佐伯宿禰伊太知なり」といふ。彼の死人、能く聞き持して、

纔黄泉より還り来り見れば、即ち甦りて、後、黄泉の状を以て大宰府に解す。府、其の事を信けず。彼の人便に依りて、船に乗りて京に上り、京中に還り来て、伊太知の卿の、閻羅王の闕に役はれて、苦を受くる状を陳ぶ。時に妻子等、聞きて懇び哀しびて言はく「卒りて七七日を経るまで、彼の恩霊の為に、善を修し福を贈ること既に畢はりぬ。何にか図らむ、悪道に堕ちて劇しき苦を受くることを」といふ。更に法花経一部を写し奉り、恭敬し供養して、彼の霊の苦を追ひ救ふ。此れも亦奇異しき事なり。

とある。佐伯宿禰伊多知(生没年不詳)は、悪報の原因となった悪行を他の同様の説話群とは異なり、「因果を顧みず悪を作して罪報を受くる縁」と題するのみで、本文においてその因果関係について、何らふれるところがない。道鏡の配流先の国守伊多知と道鏡との関係を明言することをはばかる世情がありながらも、「因果」という語句に事件の意味をすべて含めて、結果として伊多知に鉄槌を加え、道鏡に同情していたのではないか。

伊多知が道鏡に対して行った罪科に対して景戒は、閻羅王と諸史(書記の意味)との「彼の罪を以て経巻に宛てよとのたまふ。巻に宛つると雖も、罪の数倍勝れること無量無数なり。亦経の六万九千三百八十四文字に宛つるに、猶罪の数倍りて救ふところ無し。因りて時に王、手を拍ちて言はく、如許は世間の衆生の罪を作し苦を受くるを見るに、未だ此の人の如く、太甚だしく罪を作せるを見ず」とのたまふ」というやりとりをもって、いかにも大きなものであったかを述べあげている。閻羅王は、伊多知の罪科の数は、「法華経」の「六万九千三百八十四の文字」以上で、たった一巻の「法華経」を書写するという善行を積んでも救いようがないほどの罪を犯しているると断じているのである。しかし、罪の内容について、あくまでも明らかにしていない。

道鏡と伊多知との接点は、道鏡の「死」に関わる報告を、まさに宝亀三年(七七二)閏三月に中衛中将のまま下野国の国守に就任していた佐伯宿禰伊多知が行ったことである。

伊多知に関するこの説話の意図は、道鏡への悪行が原因であるとの趣意が読みとれる。前述の藤原永手の説話の趣意を考慮するならば、景戒は、『続紀』宝亀三年(七七二)夏四月丁巳条の一節に、「時に大宰主神習宜阿曽麻呂、詐りて八幡の神教と称して、道鏡に誑耀す。道鏡、これを信じて、神器を覬覦するの意有り。語は高野天皇紀に在り。」とあるように、「神器を覬覦」(望みえない事＝皇位を望み求める)した僧として宝亀元年八月に下野薬師寺の別当として「逓送」したとある程には道鏡に悪意にみちた評価を明言していなかったと考えるべきである。

なお、罪人を護送するに匹敵する「逓送」にかかわった人物が、これまた佐伯氏のひとりである佐伯今毛人(七一九〜九〇)であった。今毛人は、天平神護三年(七六七)二月に太政官の実務官僚である左大弁を兼ねながら造西大寺司長官として道鏡と称徳天皇による事業に参画した。そして、佐伯今毛人は、道鏡政権では、吉備真備とともに、大伴氏と双璧をなす守旧的・伝統的な氏族を出自とする者の一人として実務的な能力を発揮したという。今毛人は、下―三六にみる藤原永手による西大寺の造営への注文に対して、それをいかに調整するかに腐心し、建設規模の縮小を実現したのであろうか。今毛人は、西大寺の造営という大任を果たしたようである(角田文衞『佐伯今毛人』)。

皮肉にも道鏡政権の実務面を担った今毛人が、天皇の亡き後、凋落の一途をたどった道鏡を下野国に出発させる役を、宝亀元年(七七〇)八月に担った。そして、受け入れにあたった下野国守は、伊多知の前任者であった佐伯三野である。三野は佐伯今毛人の子であるとの説がある。父が道鏡を都から送り出し、息子が受け入れるとは、運命的な筋書きではないか。景戒は、こうした道鏡と吉備真備とは多少異なるも「伝統的」な天皇観を抱いている佐伯氏との一連の関係を知った上で、佐伯伊多知をめぐる説話を『霊異記』に所載したのであろうか。

下―三六の説話に加えて、下―三七の下野国守佐伯伊太知が悪報を受けた説話も道鏡関連説話とするならば、中央だけでなく下野国に至っても道鏡に何らかの圧力が加えられたことを物語るものである。それに対して景戒が、下野国守佐伯伊太知の悪報譚をもって語りきったとするならば、玄昉以上に道鏡はまさに中央のみならず地方においても政治の紆余曲折に飲み込まれた官僧であったことを物語るものである。

また、下―三六にみる藤原永手と下―三七にみる佐伯伊太知には、共通項があった。それは、ともに天平宝字八年（七六四）の藤原仲麻呂の乱では、孝謙天皇のもとで追討に参加し、その功績によって復権や大幅な昇進を勝ち取っていることである。いわば天皇とともに藤原仲麻呂の排除に組みし、結果的には道鏡の台頭の素地を作り上げたのであった。これをふまえて、下―三八に見る聖武天皇が藤原仲麻呂に忠誠をうながし、道祖王への皇位継承の承認の確約をせまりながらも、藤原仲麻呂の専権で廃太子や淳仁天皇の即位と淡路島への流罪、そして、仲麻呂一族が死去したという記述は、いかに読解すべきであろうか。

ここでも景戒は、結果的には聖武天皇との誓約を破った仲麻呂に対しては、何らの筆誅を加えていない。単に道祖王・黄文王・塩焼王といった歴代の皇位継承可能者の死を下―三八の一節で、

大炊の天皇、皇后の為に賊たれ、天皇の位を輟めて、淡路の国に退き逼塞す。並びに仲丸等、又氏々の人、倶に殺しつ。

とし、皇后すなわち、孝謙天皇に由るとしている。さらに、先に掲げてある下―三八に「年若く失する王、最少く失する王、非綾はよ、其が幾何か売命れむ、哀れ鯱鰈等はよ、其が幾何か、売命れむ。」の歌について、「彼の先に天の下を挙りて歌詠ひしは、此の親皇の命の滅ぶる表相なり。」として、道祖王・黄文王・塩焼王の死に関わるものとして、仲麻呂の死に関わらせていない。仲麻呂の所業の結果もたらされた諸王の死への経過を淡々と記述するだけである。前兆を引きだしての無用な政治的な判断を留保している。そして、次に道鏡を登場させているのである。大半の圧力の発信源である道鏡をどれだけの貴族層や官人層が取り囲んでいたのかを語ったように思う。

こうした経過を考慮すると、景戒の道鏡への記述の姿勢も自から判断が可能であろう。道鏡に対しても政治的な判断を留保し、結果的に仏教的な是々非々も留保したと言えよう。しかし、道鏡を「之が中に要帯薦槌懸れるぞ。」と、僧衣のみならず「要帯」、すなわち官人の地位の象徴である腰帯も装着していると記述している。これは、景戒が道鏡を僧侶であるとともに、為政者として認識していたことを物語るのではないか。

景戒は、道鏡を文字どおり中央政界の上層部に立ちすくみ、権力者の一人として紆余曲折をたどった官僧だけでなく政治家としても評価を下していたと考えるべきである。それでもなお、景戒は、永手や伊太知にまつわる説話を語り上げることによって、間接的にではあるが、人々の道鏡への評価の一端を語りあげたのである。

景戒が、諸手をあげて道鏡へエールを送ることができなかったのは、在世中に政治的な行動や東大寺での師良弁との軋轢があったこと。さらには、良弁の評価を激変させたといわれる良弁ないしは実忠(七二六〜?)の弟子とも言われた早良親王(?〜七八五。延暦十九年に崇道天皇と追贈される)の延暦四年(七八五)の事件や弘仁元年(八一〇)の平城上皇(七七四〜八二四、天皇を退位した)を巻き込んだ藤原薬子(?〜八一〇)の変などの奈良仏教界にとって度重なる「悲しき出来事」があった。

『霊異記』にみる道鏡への「ことさら」な記述の意味を、次の下—三九を視野に入れると、より一層その政治性が明確になるという指摘がある(山口敦史「聖君問答と中国六朝論争…日本霊異記下巻第三九縁考」)。しかし、その政治性、たとえば嵯峨天皇をめぐる「聖君」問答は、早良親王や平城天皇という奈良仏教界にとって、政治的にも文化的にもパトロンを失ったという苦しい状況にありながらも、これからいかに奈良仏教界が宗教的な自立件を保持していったらよいのかを象徴する存在であったと読むべきであろう。すなわち下—三九は、いわゆる聖君問答として安殿親王(後の平城天皇)が帰依し、大徳親王として再生したという僧善珠(七二三〜九七)、そして、嵯峨天皇に生まれ変わったとされる寂仙(?〜七五八)を引き合いにだして語りあげている。

こうした記述をもって景戒が『霊異記』を締めくくった背景には、聖徳太子から始まり、天平年間の聖武天皇以来の嵯峨天皇に至る仏教に篤信的な為政者の輩出を良しとし、これからも奈良仏教に理解のある為政者の輩出を望んでやまない景戒の信条の一端を記述したものと読むべきである。景戒は、自からの目論みを語りあげるためにも、道鏡を、単なる悪僧ではなく、篤信的な天皇である称徳天皇に近侍した僧としての評価を正確にさせておきたかったのであろう。さらには、言外に道鏡が奈良仏教界や中央政界から放擲されたかについての背景を語ろうとしたのではないか。何者かによってつくられた悪僧の道鏡像へ一石を投じようとしたと考えるのは憶測に過ぎるであろうか。

(二) 圧力から失脚へ

道鏡の末路は、後の征夷大将軍の坂上田村麻呂(七五八〜八一一)の父であり長年東北地方での蝦夷政策に功績のあった苅田麻呂(七二八〜八六)による一言であった。苅田麻呂は『続紀』宝亀元年八月壬子条によれば

三七。元興寺誦経す。是の日。従四位上坂上大忌寸苅田麻呂正四位下に授く。道鏡法師の姦計を告するを以てなり。

とあるように、同月の四日に称徳天皇が死去し三十五日の法要のおり、それを機とするかのように、坂上大忌寸苅田麻呂は「密告」を行った。これをはじまりとして、道鏡へのネガティブ・キャンペーンが本格化した。

『続紀』の史官による、道鏡へのあからさまなネガティブ・キャンペーンのはじまりは、宝亀元年八月丙午条であった。これには、

高野天皇を大和国添下郡佐貴郷の高野山陵に葬る。(中略)皇太子宮に在りて留守す。道鏡法師、梓宮に奉りて、

便ち陵下に留廬す。天皇、由義宮に幸してより、便ち聖躬不豫なるを覚へり。是に於て、即ち平城に還へる。此より百余日を積むまで、親しく事を視ず。群臣曽て謁見すること得る者なし。典蔵従三位吉備朝臣由利、臥内に出入して、奏すべき事を伝へり。天皇、尤も仏道を崇めて、務めて刑獄を恤む。勝宝の際、政、倹約と称す。太師誅せられてより、道鏡、権を擅にし、軽しく力役を興し、務めて伽藍を繕へり。公私に彫喪して、国用足らず。政刑日に峻しくして、殺戮妄に加へき。故に後の言事を言ふ者、頗るその冤を称す。

と記述している。なかでも、「故に後の言事を言ふ者、頗るその冤を称す」と記述して後世の時代の評価を言外に取り上げ、称徳天皇の死の直後からはじまったような印象を醸し出している。

ちなみに称徳天皇の死にいたる経緯について、想起すべきは、その死因である。これについては、『日本紀略』宝亀元年八月癸酉条の一節によれば、

百川伝に曰く、云々。宝亀元年三月十五日、天皇聖体不予にして、朝を視ざること百余日なり。天皇道鏡法師を愛し、将に天下を失せむとす。道鏡、帝の心の快からむ事を欲し、由義宮に於て雑物を以て進るも、抜くを得ず。是に於て、宝命白頽するも、医薬験なし。或る尼一人出で来りて云ふ、梓の木をもて金筋を作り油を塗りて挟み出せば、宝命全からしむと。百川窃かに遂ひ却けり。皇帝遂に八月四日に崩ぜり。(下略)

とある。これによれば、称徳天皇の死因は、道鏡の心遣いで称徳天皇に送った「雑物」が原因で、それを取り除こうとした一人の尼僧の所業を藤原百川が退けたことによるとある。死の出発は、道鏡にあるも、最終的には百川の所業にもよるとしていることにも注目すべきであろう。なお死因にかかわる記述として、「宝命白頽」を死に至らしめた病名であるとの見解があるが(勝浦令子『孝謙・称徳天皇』)、いかがであろうか。むしろ、その生命が次第に衰えていく様を記述しているとも解釈できるのではないか。

失脚の契機は、告密、すなわち密告にあった。これについて思い起こすのは、天平元年の長屋王事件である。

長屋王は天武天皇の孫であった。長屋王は、天武天皇の第一子として政治的には第一の地位を築いた高市皇子を父に持ち、母は天智天皇の皇女御名部皇女(蘇我倉山田石川麻呂の娘姪を母とする)であった。さらに長屋王の妻である吉備内親王は、父は草壁皇子で、母は天智天皇の皇女元明天皇(六六一～七二一、在位七〇七～一五)であった。そして、こうした系譜のもと、長屋王は諸王でありながら親王と同様の権益を有していた。さらに父親の高市皇子は、壬申の乱で功績をあげ、本来であったならば皇位継承の順位としては第一位であるべきであったが、母親が地方豪族の出身であったので、皇位を持統天皇との間に生まれた草壁皇子に譲ることとなった。

それだけに長屋王は元明・元正、さらには聖武の各天皇のもとにあって、「王」でありながら「親王」としての自負心を醸成したのは無理からぬことと思う。そうしたことが、木簡や神亀経、さらには『霊異記』にみる「親王」や「殿下」の表記をもたらしたのではないか。加えて、木簡によると元来、諸王でありながら「親王」のごとき権利を行使していたこともあったのであろうか。

長屋王を取り巻く文化的な雰囲気が左道の所以をもって巷間で噂されたことは、前述のいわゆる「神亀経」の跋文や『懐風藻』に断片的にみえる詩宴参加者の漢詩の内容からもうかがえる。左道とされた道教的・神仙的な教養の数々は、不老長寿を願う要素もあり特定の人物、すなわち天皇以外は享受することが憚られていた。それゆえに左道と呼称して人々の手になることを文字上でも忌避していた。律令体制のもとでは、ともすると諸王や貴族の異常死にかかわる事件には、必ずと言って良いほどに、左道という語句が、背景に漂う。これに対して、一方の文化の領導者である藤原不比等の子の武智麻呂などの藤原氏は、左道の雰囲気が漂う長屋王に対して、「告密」という非常手段を行使して、一夜にして「自経」(自死)を求めた。長屋王は妻の吉備内親王とその間に生まれた子女とともに一生をおえたのである。

いわゆる長屋王事件の顚末であるが、政治史的には藤原光明子の皇后にすることへの長屋王との間でただよった軋轢などが要因であったとされる。文化史的にも律令官人の雄としての地位を盤石なものとする藤原氏の文化的な地位を、長屋王は脅かしたことも要因とすべきである。『霊異記』では、中―一で、「時に一沙弥有り。濫りしく供養を盛る処に就きて鉢を捧げて飯を受く」との記述ある行基を彷彿させる沙弥の頭を牙笏で打ち据えて「悪死を得る」とする一説話に登場するだけである。

こうした政治的のみならず文化的にも藤原氏が長屋王についで脅威を感じたのが、藤原仲麻呂と対峙した道鏡であった。道鏡は、長屋王と同様に称徳天皇の膝元にあって藤原仲麻呂に対して、政治的のみならず文化的にも、仏教の持てる力を最大限に発揮して脅威を与えたのである。しかし、長屋王の場合に行使することができた「告密」という手段は、天皇の膝元にある道鏡にはとり得えず、藤原仲麻呂は天平宝字八年に琵琶湖畔で一族とともに敗死した。その後、藤原仲麻呂の後をうけた永手や百川は、称徳天皇の死後に、前述した苅田麻呂が告密したのである。『続紀』宝亀元年(七七〇)八月壬子条によれば、この苅田麻呂による告密を契機に永手などが道鏡への反撃の狼煙を上げた。そして、こうした行為へのうしろめたさをはばかることなく、その後、称徳天皇の遺志を代弁するとして「遺詔」の発布という非常手段を行使して、道鏡を失脚させたのである。

その経緯は『続紀』宝亀元年八月庚戌条の一節にみるように、

皇太子令旨すらく、如聞、道鏡法師、竊に舐粳の心を挾みて、日を為すこと久し。陵土未だ乾ざるも、姦謀発覚せり。是れ神祇の護る所にして、社稷の祐くる攸なり。今、先聖の厚恩を顧みて、法に依りて刑に入ることを得ず。故、造下野国薬師寺別当に任じて発遣す。宜しく知るべし。即日、左大弁正四位下佐伯宿祢今毛人、弾正尹従四位下藤原朝臣楓麻呂を遣して、役して上道せしむ。

とあり、「勅」にも等しい白壁王（即位して光仁天皇）の「令旨」によって、道鏡が称徳天皇の死を十分に見届ける間もなく、下野薬師寺に「逓送」された。「外国」への追放といった僧尼の身分のままで律令政府による処断を受けたというべきである。道鏡が下野国にいたる道中については、全く知ることはできない。縁起ではあるが、「板東三十三所霊場記」のうち第五番札所飯泉観音（勝福寺、真言宗東寺派、神奈川県小田原市飯泉）をめぐる記述に、道鏡が天皇から得た観音像を安置したというのが見える。東国の入り口である足柄峠をこえて、千代の地で一息ついた道鏡の姿を物語るのであろうか。そして、配所ともいえる下野薬師寺に赴いた三年後に『続紀』宝亀三年夏四月丁巳条によれば、

下野国言く、造薬師寺別当道鏡死すと。道鏡、俗姓は弓削連にして、河内の人なり。略梵文に渉りて、禅行を以て聞ゆ。是に由りて内道場に入りて列して禅師となる。宝字五年、保良に幸せ従り、時に看病に侍して稍く寵幸せらる。廃帝、常に以て言を為し、天皇と相中り得ず。天皇、乃ち平城の別宮に還りて居す。宝字八年、大師恵美仲麻呂、謀反して誅に伏す。道鏡を以て太政大臣禅師となす。居ること頃ありて、崇るに法王を以てし、載するに鸞輿を以てす。衣服飲食、一に供御に擬す。政の巨細に決を取らざることなし。其の弟浄人、布衣より、八年中に従二位大納言に至る。一門に五位の者男女十人。時に大宰主神習宜阿曽麻呂、詐りて八幡の神教と称して、道鏡に誑耀す。道鏡、これを信じ、神器を覬覦するの意有り。語は高野天皇紀に在り。宮車晏駕するに洎びて、猶威福己に由るを以ひて、竊に僥倖を懐く。御葬礼畢りて、山陵を守り奉る。先帝の寵せらるるを以て、法を致すに忍びず、因て造下野国薬師寺別当として遞送す。死するに庶人を以て葬る。

とあり、ここでも『続紀』の史官は道鏡の悪しき行実を語りあげながら、死の報告に関する記述を淡々となしている。

道鏡の意図的な排除については、通説では後に桓武天皇の誕生に大きく貢献した藤原百川の存在を重視しているが、

これに加えて藤原北家の雄、永手の存在も忘れるべきではないと思う。『続紀』宝亀二年二月己酉条の永手の薨伝によれば、皇統の動揺へのことさらな危機感のもとに、「宮車晏駕するに洎んで、定策し、社稷を安んずるは、大臣の力居多なり。薨ずるに及びて、天皇甚だ痛惜す。」とあるように、いわば道鏡排除の中心人物であった印象が拭えない。ここには、「死するに及びて庶人を以て葬る。」とあるように、死しては一介の庶民として葬儀を行うといった処置をとったとある。これは、中央からの命令、ないしは国守佐伯宿弥伊多知の判断によるものか。これらを含めて、同じ佐伯氏出身で下野国の国守前任者（道鏡配流時）であった佐伯宿禰三野（?〜七七九）とともに伊多知は、道鏡の死期を早めるなどの「悪行」のあったことがうかがえる。

(三)『霊異記』にみる道鏡

失脚にまつわる道鏡への評価は、称徳天皇の政治をみだした悪僧であると断定するのみで、その詳細は『続紀』などには明示されていない。天皇と道鏡の関係についても同様である。二人の関係について具体的に記述があるのは、『霊異記』で、たとえば下―三八の一節には、

又同じ大后の坐しましし時に、天の下の国を挙りて歌詠ひて言はく、

法師等を裙著とな軽侮りそ。之が中に要帯薦槌懸れるぞ。弥発つ時々、畏き卿や。

又咏ひて言はく、

我が黒みそひ股に宿給へ、人と成るまで。

是くの如く歌咏ひつ。帝姫阿倍の天皇の御世の、天平神護元年歳の乙巳に次れる年の始に、弓削の氏の僧道鏡法師、皇后と同じ枕に交通し、天の下の政を相摂りて、天の下を治む。彼の咏歌は、是れ道鏡法師が皇后と同じ枕

に交通し、天の下の政を摂りし表答なり。同じ大后の時に、咏ひて言はく、

正に木の本を相れば、大徳食し肥れてぞ立ち来る

是くの如く咏ひ言ふ。是れ当に知るべし。同じ時に道鏡法師を以て法皇とし、鴨の氏の僧韻興法師を以て法臣参議として、天の下の政を摂りし表答なるを。

として、二、三の歌謡を紹介しつつ、両者の関係や弟子二人の登用の様を記述するのみである。この記述と前述した『紀略』宝亀元年八月癸巳(四日)条に、「道鏡帝の心を快せんと欲して、由義宮に於て雑物を進まつるも抜くことを得ず。ここに於て宝命白頽し、医薬も験なし。ある尼一人出来たりて云はく、梓の木を以て金筋を作り油を塗り挟み出せば宝命を全うせんと。百川窃かに遂却す。皇帝遂に八月四日崩ず。」とある記述を出発点として、道鏡への悪しき評価は、『水鏡』や『古事談』等により一層うながされて、悪僧として現代に至るまで語り継がれている。ただ、『古事談』第一の一節には、

称徳天皇聖武御女、母は光明皇后不比等女なり、初め孝謙天皇、後称徳と号す、又た髙野姫と号す、道鏡の陰、猶ほ不足に思し食されて、薯蕷を以て陰形を作り、之れを用ゐしめ給ふ間、折れ籠る、と云々。仍りて腫れ塞がり、大事に及ぶ時、小手の尼百済国の医師、其の手嬰子の手の如し見奉りて云はく、「帝の病癒ゆべし、手に油を塗り、これを取らむと欲ふ」と。爰こに右中弁百川宇合二男、式部卿参議、淳和外祖、拾子贈皇太后宮の父、贈太政大臣正一位、「霊狐なり」と云ひて、剣を抜き、尼の肩を切る、と云々。仍りて癒ゆること無く、帝崩ず。(下略)

とあり、称徳天皇の死亡原因を記述するとともに、「道鏡の陰、猶ほ不足に思し食されて」の記述は、天皇の道鏡への殊更な心情を吐露しているように読解できる(田中貴子『〈悪女〉論』、横田健一『道鏡』)。

称徳天皇の人物像をめぐっては、「興福寺流記」の一節にある法会の際に、

天皇簾中より御手を差し出し、僧都を引かしめ座を起ちて退く。天皇紫裳を引き取り付けせしめ給ふも、僧都懐剣を脱して裳を切り逃れ退き畢ぬ。

とある。天皇はこの行為を恥じ、賢憬（七一四〜七九三）は尾張国へ配流したという逸話がある。考証することは、不可能に近いが、天皇の人物像を考える一例としておきたい。

これまで、道鏡にまつわる諸研究は、奈良仏教の堕落を招いたということは、あまりにも政治史的な範疇をもって語り上げることを多としてきた。しかし、道鏡の失脚は、むしろ宗教史的には、いわゆる奈良仏教の「極致」があらわにした密教的な信仰体系を道鏡という「一僧侶」を中核とするものから、天皇なり貴族層といった「王権」を中核とするものへと変化させるためであったことも問題視すべきであろう。すなわち、道鏡出現によって問われた国家と仏教との関係は、想像以上に政教両面において、大きな問題を内包していた。さらには、失脚を機としてか、道鏡は、平安時代への時代の変わり目を、日本にもたらした僧であるとの歴史的な評価がはじまったように思う。

以上の『紀略』以降の書々に見る道鏡や称徳天皇に関する記述などをもって、道鏡を悪僧とするだけではなく、天皇を悪女の仲間入りさせる指摘もあるが、同時代的な認識はいかがであろうか。結果的には、二人共々、奈良末期の政治の世界や仏教界を揺るがしたという見解につながるものと思う。むしろ、光仁、桓武の両天皇による奈良仏教界の刷新を促したとする企てに与するものと思う。

こうした評価は、現代に至るまで継続していることは承知しているが、行基が江戸時代に至るまで名僧高僧と喧伝されたのとは異なり道鏡は今日に至るまで、悪僧として忌避され続けている要因の一つではある。さらに考慮すべきは、これまでとは大きく異なった奈良仏教者と天皇・貴族層との関係性や距離感もあったように思う。行基における距離感は是とされるも、道鏡における距離感は否とされたということである。ないしは、距離感の内実の相違であろうか。この距離感が、行基と道鏡の評価の相違を引き寄せたキーワードともなったということである。いわば行基の「明」の僧に対して、この上ない悪僧として道鏡は、人々に忌避され続けていった「暗」の僧とする所以である。

通説では、称徳天皇の跡を継いだ光仁天皇は、道鏡の存在をもって、奈良仏教(者)の堕落の象徴とした。その子の桓武天皇も、奈良仏教の堕落による諸々の弊害から逃れるために都を延暦四年(七八五)に長岡京、さらには延暦十三年(七九四)十月に平安京へと移転したとされている。これについて、すでにふれた『霊異記』下―三八では引き続き、次のような記述がある。

又諾楽の宮に二十五年天の下治めたまひし勝宝応真大上天皇のみ代に、天の下を挙りて歌咏ひて言はく、

朝日刺す豊浦の寺の西なるや、おしてや、桜井に、おしてや、おしてや、

桜井に、白玉沈くや、吉き玉沈くや、おしてや、おしてや、然しては、国ぞ栄えむ、我家ぞ栄えむや、おしてや。

是くの如く咏ふ。後に帝姫阿陪の天皇のみ代、神護景雲四年歳の庚戌に次れる年の八月四日、白壁の天皇位に即きたまひし、同じ年の冬十月一日、筑紫の国、亀を進り、改めて宝亀元年として、天の下を治めたまふ。是を以て当に知るべし、先の歌咏は、是れ白壁の天皇の、天の下を治めたまふ表相の答なることを。又諾楽の宮に国食しし帝姫阿倍の天皇のみ代、国を挙りて歌咏ひて云はく、

大宮に直に向かへる山部の坂、痛くな践みそ、土には有りとも。

是くの如く咏ひて後、白壁の天皇のみ代、天応元年歳の辛酉に次れる四月十五日、山部の天皇位に即きて、天の下を治めたまふ。是を以て当に知るべし、先の咏歌は、是れ山部の天皇の、天の下を治めたまふ、先の表相の答

なることを。

とあり、称徳天皇の死後、天皇にふさわしいとして光仁天皇から桓武天皇への皇位の継承を語りあげている。しかし、改めて『霊異記』下――三八を見ると、隅寺事件で道鏡の身代わりとして処罰されたと指摘されている基真を表記しないなどにうかがえるように、『続紀』に見えるような、道鏡を悪僧と断定しきった表現ではないことがわかる。

第四章　行基と道鏡の対照

一　奈良時代の善僧と悪僧

㈠二つの官僧像

律令政府による仏教政策に呼応することを求められた官僧については、すでに行基・良弁型と玄昉・道鏡型の二種類に分類した。この分類にしたがい、その代表格といえる行基と道鏡の行実をめぐり、いくつかのテーマを設定して対照していきたい。

行基は師の道昭から継承した人々への仏教の布教を旨として、また自らを知識結の頭首として、河内・大和等を中心とした畿内周辺で、堀や堤の築造、さらには橋の建造を続けていった。そして、人々の生活の安定や在地豪族による勧農政策に呼応した。しかし、当初は、在地の支配秩序、さらには律令政府の仏教政策に抵触するとして行動を忌避され、薬師寺所属の官僧であるが故に僧尼令に基づいて糾弾の対象となった。その後、天平十五年から開始された大仏造立事業に聖武天皇からの要請を受ける形で参画し、ひいては浄財（労働力・建設費用）の結集のための知識結の頭首に就くに及び、大僧正にまで上り詰めた。

　行基は、自ら提唱し実践してきた知識結が如何様に変化し、いわゆる行基型知識結から国家型知識結に変更を来したことに諦観や挫折感を懐いたかは、定かではないが、天平勝宝四年の東大寺での大仏開眼供養に参加した行基の弟子たちには関知することはなかった。そして、弟子僧は宝亀四年の十禅師の任命の際に数人が該当するなどして、中央の仏教界での地歩を築き、ひいては、後世における高僧・名僧行基のイメージの発信源となったように思う。さらには、こうした経験値を後代の天皇・貴族層や武家層までが継承していくなかで、おのずから行基の高僧・名僧のイメージを基盤として行基伝承が形成・展開することとなったのではないか。

　一方の良弁は、三月堂を拠点に聖武天皇の病気平癒祈願に、また、その子の基王の追善に参画して次第に金鐘寺、後の東大寺での中心的な僧侶の役割を果たすこととなった。ときには、大安寺の道慈や興福寺の玄昉がもたらした大仏造立事業の推進者として紫香楽から大和総国分寺への造立事業の移転を図るなどして、みずからの仏教にかけた理想の実現に邁進した。理想の実現のために大安寺の審詳を招いて「華厳経」の講説などを実施して、大仏の理念の補強をはかった。しかし、聖武天皇が死去するに至って、大仏の象徴する仏教的な世界観が「華厳経」から光明皇太后や藤原仲麻呂の手によって、あるいは、鑑真の来日によってさらに普及が加速された「梵網経」にみる追善という理念に基づいて仏身の意味が変更された。大仏及び大仏殿はあたかも聖武天皇の追善の場に変更された。いわば、良弁の理想、ないしは生前の聖武天皇の理念はここに至り潰えたのである。良弁にとっては諦観せざるを得ず、挫折感を懐いたことであろう。

　一方の玄昉・道鏡型の官僧とはどのようなタイプであったであろうか。玄昉と道鏡に共通するのは、ともにある特定の人物を「一看」するなどして病を平癒させたことである。かたや藤原宮子、かたや孝謙天皇であった。

玄昉と道鏡の両者に共通するのは、病気平癒を任とする護持僧であり、ともに慌ただしく中央の仏教界から追放されたことである。相違点は、玄昉は入唐僧で学僧中の学僧として、同じく入唐留学生であった吉備真備と同様に満を持して橘諸兄のブレーンとなった。道鏡は入唐することなく良弁のもとで修行し良弁と同様に護持僧としての道をすすんだ。教学的には、両者は唐代の密教的な傾向を一身にまとい護持僧としての役目を果たした。護持僧禅師としての使命はいかなるものであったのであろうか。護持僧として病気平癒を祈願するということは言うまでもないが、行実が特異であったのが道鏡である。

道鏡は、称徳天皇の死後、山陵に侍することを願い出て、しばらくの期間は実行していたという。このことについて、前述したように『続紀』宝亀三年(七七二)夏四月丁巳条の道鏡の死を伝える報告の一節に、

道鏡、これを信じ、神器を覬覦する意有り。語は高野天皇紀に在り。宮車晏駕するに洎びて、猶威福己に由るを以て、竊に僥倖を懐く。御葬礼畢りて、山陵を守り奉る。

とあることでうかがえる。道鏡は、称徳天皇の死後も、ともすると宇佐八幡の最初の神託を信じ続け、覬覦(実現することのない非望・のぞみ)をもちつづけ、その実現のために、天皇の山陵に奉仕したと見なす記述である。しかし、禅師が山陵に侍することは、道鏡のみならず先例があった。

『続紀』天平勝宝八歳(七五六)五月丙子条にみる法栄の事例である。法栄は、「立性清潔、持戒第一にして、甚だ看病を能くす。此に由りて辺地に請い、医薬に侍せしむ」とあり、聖武太上天皇の病気平癒のために祈った。そして、太上天皇の死後、「誓いて、永く人間を絶して山陵に侍し、大乗を転読して、冥路に資し奉る」とあるように自ら願い出て、山陵に近侍して経典を転読し太上天皇の冥福を祈った。

同じ看病禅師であった玄昉には、『続紀』にこうした記述はないが、道鏡の場合は、法栄と同様の趣旨として山陵

に近侍したと解釈すべきであろう。道鏡が皇位を僥倖する目的のみで山稜に侍したと解釈するのは、『続紀』の史官の術中に陥ったものと言わざるを得ない。むしろ道鏡は法栄と同様に護持すべき称徳天皇の生前に玉体の安穏を祈り、死後に拠点を山稜に移し、読誦転読して冥福を祈るという護持僧の責務を全うしたと考えるべきではないか。

以上の行基・良弁型官僧と玄昉・道鏡型官僧で想起すべきことがある。行基・良弁型は仏教の教学によって知識結に誘い、大仏などをもって視覚的に体感させるというものであり、人々の信仰観(仏性)に応じて教えをとく対機説法ではなく、多くの人々を対象とするという、時には没個性的ですらある。知識は大仏造立を機として仏教観を大きく変質させた律令政府にとっては、政治的にも宗教的にも都合のよいものであった。大衆動員の具としての仏教のあり方である。

玄昉・道鏡型は、例えば玄昉が藤原宮子の病気を「一看」して治したとある。これは、玄昉からみるならば、宮子の機根に適切に対処した結果であるといえよう。道鏡が近江保良京で時の上皇であった孝謙の病気を治したのも玄昉と同様のケースであろう。

官僧の典型ともいえる玄昉は阿刀氏、道鏡は弓削氏の出身でともに山城国や河内国の在地豪族層を出身階層とする。両者は蘇我・物部戦争での敗者や大化の改新以来の逆臣の系譜に属する氏族の出身で、本来的には、上層エリート層と同様の地位にはなりえない氏族の出身者であった。

しかし、ともに宮中内道場にあって、玄昉は藤原宮子の看病僧、道鏡は称徳天皇の看病僧であった。加えて玄昉は、聖武天皇や光明皇后に大仏造立の発願と「開元釈教目録」にもとづく一大写経事業の推進を促した。道鏡も同様に奈良仏教の一層の密教化を促すなど、両者に学僧の風貌なしとはいえない。

しかし、『続紀』宝亀三年夏四月丁巳条に、「神器を凱覦」したとあるように、下位の者が望むべくもない天皇の位を望んだ点がすでに述べた玄昉と大きく相違している。こうした道鏡が天皇の位を望むようになった経緯については、第三章でふれたので繰り返さないが、結局、道鏡は、全く玄昉と同様の処置を下された。だが、玄昉と比較するならば、道鏡の罪科は、皇位を覬覦した。そのために称徳天皇との関係を毘沙門天と吉祥天の関係に擬するなどの仏教的な知識をもって二人の関係を意義づけようとしたことなどが相違していた。罪科が相違していたにもかかわらず、処断が同様であるということに、政権中枢の複雑な問題を念頭において、いましばらく道鏡の来歴を語る必要にせまられてくるのである。そして、中央政界への勢力伸張の基盤でもあった仏教界の批判にさらされた玄昉に対して、『霊異記』の記述によってうかがえるように一部であったにせよ仏教界の道鏡に対する好意的な評価のあり様も考慮すべきである。加えて玄昉と道鏡の間に律令政府の仏教観を根底から覆した行基が在世するということも、両者の評価に相違をもたらす原因となったのではないか。道鏡は孝謙の体調を回復させたのを機として、天皇の精神的・信仰的な信頼を勝ち得ただけではなかった。

孝謙上皇は、母の光明皇太后が天平宝字四年(七六〇)六月に死去して以来、淳仁天皇と藤原仲麻呂の体制に対して自立の傾向をあらわにした。そして、ついにその傾向は『続紀』天平宝字六年六月庚戌条によれば、孝謙上皇は光明皇太后の意を受けて草壁皇子の皇統(=天武天皇の皇統でもある)を受け継ぐかのように行動することとなり、大炊王、すなわち淳仁天皇との間で諸々の軋轢がおこった。孝謙は詔を発して今後は、「政事は、常の祀、小事は今の帝行ひ給へ。国家の大事賞罰二つの柄は朕行はむ」と宣言した。

孝謙上皇は、淳仁天皇から天皇・律令政府の大権を剥奪し、淳仁・仲麻呂体制への打撃の第一歩を踏み出したのである。瀧波貞子氏が指摘するように、詔を発した背後に、道鏡の存在を嗅ぎ取ることは容易であろう(瀧波貞子『最後の女帝』、『奈良朝の政変と道鏡』)。しかし、この詔は孝謙上皇の激高した感情をあらわにしただけで、実効性はなかったものの、仲麻呂のみならず、永手や豊成など他の藤原氏、さらには後に左大臣となった吉備真備にとっても想像できなかった上皇の自立の様をしめすものと考えるべきではないか。それは、玄昉が橘諸兄のブレーンとなった以上に政治的な危険性を孕むことを藤原氏や官僚層の胸中に想起させたであろう。ここにいたって道鏡は、孝謙上皇の護持僧以上の立場にあったということである。

官僧の類型二つのうち、律令政府はどちらを是としたのであろうか。結果は、玄昉と道鏡の来し方、行く末を考えれば明らかであろう。行基・良弁型を是とした。ことに道鏡のケースは、天皇との殊更な関係を永久に勝ち取っておくことを家訓とする藤原氏一族にとっては、許しがたく、忌避すべきものであった。しかし、孝謙上皇(称徳天皇)が在世中は、こうしたケースに嘴を入れることは、さすがに藤原氏にも不可能であったようである。

称徳天皇が神護景雲四年八月に死去するとともに、和気清麻呂がおこした八幡神託事件以来、満を持していた藤原氏は皇統の安定を図ることをもっぱらとしていた吉備真備との争論を演出しつつ、道鏡を排除した。しかし、その後を受けた光仁・桓武の両天皇は、実は律令政府にとって都合のよい行基・良弁型を指向したようである。

『続紀』にみる行基の再評価と道鏡と良弁の死に関する記述をみると、光仁天皇は、持戒清浄などの条件をことさら官僧に求め、玄昉・道鏡型官僧がもたらす弊害を未然に防ぐ措置を実施しながら、玄昉・道鏡とは異なる官僧を優遇していった。それが、善珠・玄賓、さらには永忠などであったと思いたい。そして、何よりも、その帰結が桓武天皇や嵯峨天皇が寵愛したであろう最澄と空海であり、天台・真言の両宗という、いわゆる平安新仏教の成立であったというシナリオの存在を仮説として措定したい。

さらに、道鏡にとって悲劇的であったのは、再三述べたように、天皇・貴族層の意を反映して編纂された『続紀』の史官がことあるごとに詳細に行実を記述し、いかに悪僧であったのかを造形しつづけたことである。

世俗の王としての天皇、そして、仏教的な世界の最高権威者を意味する法王、天皇が称徳天皇で法王が道鏡、両者の関係は当然のことながら、並立するものである。その意味での二頭体制であったと思いたい。称徳がことさらに道鏡を寵愛したとするのは、文飾の所産でもあり作為性にみちたものである。称徳は、道鏡を皇位にすえる所存はなかったと考えるべきである。寵愛の様は、信仰的な帰依の様とすべきである。称徳天皇は、父聖武天皇が大仏に帰依し、その仏力のメカニズムによって諸々の功徳を得て、自らの地位の安泰、ひいては国家の安寧を祈ったことを受け継いだにすぎない。称徳天皇は法王道鏡を寵愛し帰依することにより、道鏡がまとう仏教の功徳を一身に受けることにより、聖武天皇と同様に天皇の地位の安泰と国家の安寧を祈ったのではないか。聖武天皇は、大仏というホトケに、称徳天皇は道鏡というヒトに、各々帰依したということである。道鏡が帯びていた呪術的であり仏教的な装いへの全身全霊の帰依であったのであろう。道鏡は、称徳天皇にとってはただのヒトではなく、生けるホトケ、すなわち生き仏(いきぼとけ)であった。道鏡を、真摯に称徳天皇という一人の人物を救済し交感に徹した仏教者として評価するという研究や共感の輪がなぜ広がらないのであろうか。やはり、後述するように藤原氏を主体とする貴族層が金城湯池のごとく築きあげ、維持に邁進し続けようとした藤原氏の形づくったサークルとの関係の如何によって、悪僧と高僧に評価を区別することが厳然と存在していたからであろうか。

(二) 交歓の僧と交感の僧

行基は養老年間に弾圧の対象として『続紀』では登場するが、天平年間には律令政府により認知され、さらには大僧正に任命されて聖武天皇が発願(知識発願主)した大仏造立の事業に知識頭首として協力するに至った。律令官人層・在地豪族層、さらには班田農民を主体とする庶民層が、結果的に結集することとなった天皇・国家的な知識結の頭首という地位につくという大きな境遇の変化を体験することとなった。それは、これまでの在地で行基が展開してきた知識結の宗教的環境とは全くかけ離れ、政治的目的と化した大仏造立事業にくみすることでもあった。集合体としての律令国家＝天皇による国家的な事業に協力したことから、近現代史的・社会史的な課題である転向論の素材にもなったように、庶民層への布教に終始してきた行基の行実とは異質なもので、違和感をもたざるを得ない。

行基自身は、こうした環境の変化の激しかった生涯をめぐってか、弟子の口を通じて、「在懐を以てせず」という一言を残したのではないか。この言葉をめぐっては二種類の解釈を想定できよう。第一には、行基は環境の変化を認識せず、それを受け止めることもなく、これまでの布教者としての姿勢を貫いたとするものである。大仏造立のために知識頭首の地位を意に介することなく、養老年間以来、師道昭の姿勢を継承し続けたとするものである。

第二には、環境の変化を認識するも、発願主聖武天皇のもとで、知識頭首の任を果たし、律令政府のお墨付きを得た官僧中の官僧としての地位を受け入れたとするものである。本書では、第二の解釈を採用した。

上記の解釈は一見すると相違するが、共通項がないわけではない。そこに通底することは、仏教は個人を救うことにより、律令政府（＝天皇）を頂点とする集団を利益し、集団を救うためにあるということである。

集団は、大仏造立を機として、行基の功績によって、一つのカミを頂く村から、一つの巨大なカミ、すなわちホトケが村々のカミを収斂する巨大な国家へと変貌した。行基にとってはカミに対峙することに変化はなかったのであろうか。しかし、大仏造立事業の知識頭首となった以後の行基自身は、実は、変化した知識結にくみすることによって天皇・律令政府による村々の信仰的・精神的メカニズムに組み込まれていった。行基は、このことにも、無関心であったのであろうか。これが、行基を交歓の僧と称するも、これ自体も変化していったのではないか。

行基の布教の対象は、在地の社会構造に対応し、宗教的にも集団的であったと思う。このことについて、聖武天皇と大仏造立という理想をともにし、その実現を結果的に律令国家全体のこととしていた東大寺初代の別当の良弁も同様であったと思う。しかし、良弁の理想は、前述したように聖武天皇の死とともに、光明皇(太)后と藤原仲麻呂によって否定され、大仏が追善の場と化したことによって潰えた。これは、奈良仏教をとりまく環境の変化とともに、良弁にとっては対応不可能なことであった。良弁は、大仏にこめた理想の実現を放擲するしかなかった。

一方の道鏡はいかがであろうか。道鏡は、天平宝字四年に近江保良京にて孝謙上皇の身辺の不安を持ち前の呪術力で解消して得た信頼のもとに、護持僧の地位を得た。それ以来、道鏡は、天皇の求めもあり身辺の不安をさらに除去するために一心不乱に奈良仏教の可能性や渡来僧の鑑真などがもたらした新来の教学を全身で吸収し、その力を天皇に提供し続けた。

その功があってか孝謙上皇は父聖武天皇から譲り受けた伝統に目覚め、再度、皇位をめざし大権を行使する力を得た。こうして、道鏡は、孝謙という一人の人間に利益と救いを与えたのである。

道鏡は、光明皇太后の死後、より一層、平城宮で存在感を増していた称徳天皇を救済したことで、仏教の力を人々の現前に知らしめた。それは、集団性にカモフラージュされた力ではなく、個別的、直接的に一人の人間を救った仏教の力を周囲の人々にみせつけた。ここに至り道鏡は、「一個」の人間を救うことを完全になしえた仏教者・宗教者の一人となった。その意味では、玄昉も、「一看」して聖武天皇の母である藤原宮子の不安を除去したことも同様に評価すべきである。

これについて、山折哲雄氏は、看病僧という特異な職務を最大限に活用したという点で玄昉と道鏡はのちの空海とまったく同質の呪術・宗教的役割をはたしたといわなければならないとしている(山折哲雄「玄昉・道鏡・空海」)。さらに空海もまた、嵯峨天皇の実質的な看病僧として活躍し、そのことを通して、国家の中核部分に密教儀礼の猛毒を注入することに成功した人物でもあるとしている。

この指摘をもってするならば、律令政府は、ないしは藤原氏は国家の中心が仏教の密議によって略奪されるかもしれない恐れがあるとして、『続紀』による筆誅が起源となり玄昉と道鏡と同様の悪僧というイメージが空海にもつきまとうこととなったのであろうか。猛毒の意味することは、悪僧に通じるのであろうか。空海像の描写としては、不分明な言及と言わざるを得ないが、私にとっては、光明を得た見解の一つである。

奈良仏教と平安仏教の連続性をめぐる指摘には、大いに啓発されたが、それでも天皇の看病僧との関係について、聖武天皇と称徳天皇との場合と光仁天皇と桓武天皇の後を受けた嵯峨天皇の場合とでは、時代性が全く変化していることは留意すべきであろう。

光仁天皇は、『続紀』宝亀十一年(七八〇)正月丙戌条の一節に、

如聞らく緇侶の行事、俗と別ならず、上、无上の慈教に違ひて、下、有国の通憲を犯せりと。僧綱率ゐてこれを正さば、孰れか其れ正しからざらむ。又、諸国の国師と、諸寺の鎮・三綱と、及び講・復を受くる者、罪福を顧みずして、専ら請託を事とす。員復居多にして、侵損少からず。斯の如き等の類、更に然とすべからず。宜しく護国の正法を修して、以て転禍の勝縁を弘むべし。凡そ厥の梵衆に朕が意を知らしめよと。

とあるように養老年間の僧綱への督励と同様に奈良仏教界に対して、さらに僧俗の住み分けをより一層明確にするなどの厳しい対応を取ることとなった。

これについて、山田英雄・高田 淳・山本幸男の諸氏の指摘(山田英雄「早良親王と東大寺」、高田 淳「早良親王と長岡遷都―遷都事情の再検討―」、山本幸男「早良親王と淡海三船―奈良末期の大安寺をめぐる人々―」)をふまえるならば、道鏡に関わる仏教政治の弊害なり、仏教と政治の関係を考える上で、東大寺の初代別当良弁の後を継承した親王禅師、

後に桓武天皇のもとで皇太子となった早良親王の去就も想起せざるを得ない。

親王の廃太子と異常な死について、桓武天皇の時代に最終的に編纂がなった『続紀』には記述されることがないなどの「配慮」がなされたとの指摘もある。高田 淳氏が指摘するように、宝亀十一年正月の詔を境にして、光仁天皇、さらには続く桓武天皇のもとでの仏教政策が威儀や仏教と政治の関係を糺すことになったという。それは、『続紀』ではうかがえないが、早良親王と東大寺・大安寺との殊更な関係への両天皇、ことに桓武天皇の危惧があったからとする。

この指摘によれば、こうした仏教ないしは仏教界への統制強化の大義は、直近の事柄からするならば、早良親王をはじめとする東大寺実忠、さらには東大寺や大安寺の存在であった。早良親王が、桓武天皇の弟であったために、『続紀』では去就をめぐる記述をはばかったゆえに、結果的にそれ以前の道鏡の所業に統制強化の原因を転嫁したと考えることができないか。さらに憶測するならば、奇しくも宝亀三年の道鏡の死に関する記述、同四年の行基四十九院への施入記事、そして、良弁の死に関する簡略された記述をもって考えると、三人の行実をめぐる記述の相違なり、そこに込められた史官の意図には、早良親王の存在を抜きにしても、奈良仏教界の堕落のさま、「如聞く緇侶の行事俗と別ならず、上、无上の慈教に違ひて、下、有国の通憲を犯せり。」と断じ、結果として、道鏡にその全ての要因を転化し押しつけようとした試みを読み取るべきであろう。

道鏡を悪僧とする所以は、道鏡の師僧であった良弁の理想を東大寺内では親王禅師として尊崇された早良親王の記憶を除去しようとした延暦期の『続紀』の史官の述作の所産であったということである。このことが道鏡の行実が醸し出す悲劇の要因であったとしたい。

良弁の死後、延暦四年(七八五)の早良親王の死は、道鏡を悪僧の典型に仕立て上げることを推し進めた契機の一つとなったという愚見の提唱である。

宗教者・仏教者として、行基と良弁にまとわりつく集団性(交歓)を是とするか、玄昉と道鏡にまとわりつく個別性(交感)を重視するかである。宗教としての仏教の本来のあり方として、どちらを是とすべきであろうか、ないしは、どちらを善とし、どちらを悪とすべきであろうか。近視眼的かもしれないが、近現代史上で論議されてきた宗教の幻想性を持ち出すならば、集団性のもつ危うさよりも個別性のもつ空恐ろしさということを想定したい。

空恐ろしさをめぐって思い起こしたい語句がある。仏教の大義の一つにある対機説法である。仏教の教えを聞く人の機根、能力や素質にふさわしく説くことをいう。随機説法ともいう。人を見て法を説くことで、病に応じて薬を与える「応病与薬」にも喩える。人々の機根は各々異なる。異なる機根に応じて人々を個々に救うことも大切であるということである。

「応病与薬」をめぐっては、『続日本後紀』承和元年(八三四)十二月乙未条によれば、

大僧都伝灯大法師位空海上奏して曰く、空海聞く、如来説法に二種趣あり。一は浅略趣、二は秘密趣なり。浅略趣と言ふは、諸の経中の長行偈頌是なり。秘密趣と言ふは、諸の経中の陀羅尼是なり。浅略趣とは、大素本草等経に病源を論説し薬性を分別するが如し。陀羅尼秘法とは、方に依りて薬を合し服食し病を除くが如し。若し病人に対して、方経を披談し、痾を療する由無くば、必ず須く病に当たりて薬を合し、方に依りて服食すべし。乃ち病患を消除し、性命を保持するを得る。然るに今奉講し奉る最勝王経は、但其の文を読み、空しく其の義を談ずるのみ。曽て法に依りて像を画き、壇を結び修行せざる。甘露之美を演説するを聞くと雖も、恐くは醍醐之味を嘗むるを闕くことを。伏して乞ふ、自今以後、一に経法に依りて、講経すること七日之間、特に解法の僧二七人・沙弥二七人を択び、別に一室を荘厳し、諸尊像を陳列し、供具を奠布し、真言を持誦せむことを。然らば

則ち顕密の二趣、如来の本意を契り、現当の福聚をもて、諸尊之悲願を獲むと。勅すらく、請に依りて之を修し、永く恒例とせよと。

とあり、空海が新たに後七日御修法を創設するにあたって、仏教の教えには浅略趣と秘密趣とがあり、病気の由来や薬の処方を患者に説明するだけではだめで、適切な薬を調合し服用させなければ命をながらえることはできない。それを可能にするのが「陀羅尼秘法」をいただく秘密趣としての真言宗であると主張している。秘密趣は、「応病与薬」を旨としているというのである。

道鏡は、対機説法として称徳天皇を救うために、宮中内道場の禅師の一人として、ともすると秘密趣を実践するためにひたすらなる研究を行ったと言えないか。その結果、称徳天皇は、国分寺の創建と大仏の造立によって救いを求めた父聖武天皇と同様に東大寺と法華寺に相対するかのように西大寺と西隆寺を創建し、なおかつ道鏡による修法によって一人の天皇として救われた。

「己が師」、「朕が師」と仰ぐ道鏡から、ことさらな救いを得た称徳天皇は、大権を持する意を強くし、救い主である道鏡への帰依は尋常ではなかったであろう。この救いこそが、前述の「応病与薬」に匹敵するといえないか。

古代社会では称徳天皇という個人を救うということは、天皇(ミカド)＝律令国家(ミカド)・律令政府、さらには律令制度の中心に位置する存在を救うに等しい。そして、国家全体が救われたと人々は思い起こしたであろう。人々が救われたということは、ひいては、社会・国家・律令政府も救いの対象になったということではないか。こうした経絡、筋道に対して、藤原氏、さらには他の貴族層はともに仏教、ないしは道鏡に不安感なり空恐ろしさを感じたであろう。ことに、天皇の忠臣と自負していた貴族層の筆頭格である藤原氏にとっては、自らの果たすべき役割を道鏡、ひいては仏教に取って代わられたと感じたであろう。

道鏡は、当初は良弁の弟子の僧の一人として学業に専念し、その学識(仏教的な)をもって、玄昉と同様に一女性、すなわち孝謙天皇の体調の改善に大きく寄与し僧としての名声を博したかに思う。いわば新進気鋭の学僧、さらには禅師の評価を得たに相違ない。しかし、道鏡が天平神護元年(七六五)に太政大臣禅師、さらには翌年に法王に任ぜられたことにより僧位僧官をともにする役職についたことから、太政官制に仏教者として容喙するものとの評価が官僚の間に漂い始めた。それまで律令制度によって営々と太政官制を支えてきた藤原氏をはじめとする律令的官僚層は道鏡を忌避することとなった。

少なくとも藤原氏などの貴族層、さらには官僚層には、仏教者が政治の前面、すなわち奈良時代政治史に官僚の上位に据え置かれるということは想定できなかった。それだけに、奈良の仏教者、少なくとも官僧が律令国家体制を凌駕することもあり得なかった。すなわち政治と宗教の関係を解き明かす際の語句である俗法優位と内法優位という二つの概念をもってするならば、道鏡の栄進は、仏教界が夢にも思わなかった内法優位を体現していた。

律令体制・制度の発信国である最先端の唐代文化をもたらし、なおかつ、それを体現した玄昉や道慈の登場によって、遠からず内法優位の御代の到来は官僚の恐れていた事態であった。とりわけ称徳天皇の継承者を模索していた藤原氏に、より大きな危機感をもたらしたであろう。そして、ついには、道鏡を太政官制を脅かす悪しき存在、すなわち、悪僧と認識するにいたった。

これらのことが、空恐ろしさの要因に加えるべきと考えるのは、行基と道鏡の行実、ことに僧位・僧階の相違ではないか。行基は大僧正という前代未聞の地位に聖武天皇の発意があったにせよ奈良の仏教者の互選によって僧綱の最高職についた。道鏡は、禅師という僧職から多少の政治的な環境のもとでの互選であったが少僧都についた。しかし、その後は、すでに引用した『続紀』天平宝字八年九月甲寅条にみる、宣命の一節に「出家しても政を行う豈障るべき物にはあらず」とあるように、称徳天皇は度々宣命を発し、道鏡を大臣禅師、太政大臣禅師、さらには法王に任命し、自らの意思表示を頻繁に行っている。ことに法王は、官僧という宗教的な官人であった者が、仏教的と律令的、ないしは聖俗ともにする最高の権能を顕著にした官人となったことを意味する。法王という役職・地位は、仏教者が世俗的な官僚の権能のみならず地位をも凌駕しており、行基の大僧正と同様に史上初であったが、全く相違していた。

これらのことが、称徳天皇の死後まもなく、藤原氏と称徳天皇にかしずいていた吉備真備との間での天皇位の継承をめぐる暗闘の背景に存在していたと思い起こすのは早計であろうか。

(三) 景戒がみた行基と道鏡

『霊異記』の編者の景戒は、奈良末から平安初期かけての皇統の変化やそれによる仏教政策の変化を目の当たりにしてきた僧尼の一人であった。そして、景戒は、道鏡と同様に、在地豪族層を出自とする者として、道鏡を中央の仏教界、はたまた、政界に躍り出た僧侶として、さらには仏教界ないしは僧侶の社会的地位に関わる問題に果敢に取り組んだ僧侶の一人として位置づけようとの意図もあって、『霊異記』にこともなげに登場させたのではないか。

景戒は、道鏡について巷間に流布していた道鏡＝毘沙門天、称徳天皇＝吉祥天とする宗教性に関説するのではなく、下―三六・三七の二説話をもって、道鏡を取り巻く世俗的環境を淡々と述べあげることによって、失脚に至る原因としての奈良仏教界と律令政府との関係性、天皇なり上層エリート層である藤原氏などの中央貴族層(官僚)との関係性といった社会的背景の存在を明示した。

むしろ、後述するように行基＝文殊菩薩、聖武天皇＝聖徳太子という連環(説話上・伝承上・信仰上)の中で、行基を位置づけるということは、行基の宗教的性格を顕在化させ、布教者としての理想形を説くという教学的・教理的意味はあっても、仏教者自身にとっては何の社会的、身分的な意味はなかったとするのが景戒の認識(本音)ではなかったか。

こうした官僧像の変容を横目にした景戒は、延暦・弘仁年間の人々の機根に応じて説法をするという布教者のあるべき姿として行基を描写しつつも、道鏡に対しては仏教者の使命を体現するものとして同情の意思を表明したのではないか。

すでに述べたように、景戒は『続紀』の記述にみる程に道鏡に悪僧との評価を明言していなかったと考えるべきである。だが、景戒が道鏡をどのように認識していたかの証左は得られない。志田諄一・原田行造の両氏が指摘しているように、『霊異記』下—三七の下野国守佐伯伊太知が悪報をうけた説話を道鏡関連説話とするならば、中央だけでなく下野国に至っても道鏡に何らかの圧力が加えられたことを物語るものである(志田諄一『日本霊異記とその社会』、原田行造「日本霊異記冒頭説話をめぐる諸問題—説話成立過程の考察と排列法の検討—」)。それに対して景戒が、悪報譚をもって語りきったとするならば、玄昉以上に道鏡は中央のみならず地方政治の紆余曲折に飲み込まれた官僧であったことを物語ると言えよう。その意味でも、下—三八にみる道鏡は、藤原仲麻呂・道祖王・称徳天皇・淳仁天皇・光仁天皇さらには桓武天皇といった権力者の紆余曲折にからむ形で登場しているのは注意を要する。すなわち、景戒は道鏡を文字どおり中央政界の上層部を前にして立ちすくみ、権力者の一人として紆余曲折を辿った僧侶(=官僧)であったとの評価を下していたと考えるべきである。そして、景戒は道鏡について、歴代天皇が知徳すぐれた僧侶に帰依する域を超え、称徳天皇が個人的・私的に帰依した結果、ありえない権力を得てしまった僧侶と見たのではないか。たとえ道鏡が、智光や玄昉、そして行基と同様に在地豪族層や渡来系氏族の中間エリート層の出自であったとしても、その来歴は単に中間エリート層が本来的にそなえている上昇指向のなせるもの以上の「事」をなしてしまったとの認識があったのであろう。

この中間エリート層について湯浅泰雄氏は、奈良朝の玄昉・道鏡などは、すぐれた医師としての能力をもつ僧(いわゆる看病禅師)が宮廷貴族に重んじられた例であり、在地豪族層や渡来系氏族をはじめとする中間エリート層から立身して権力の世界に入った例であるとしている(湯浅泰雄『日本古代の精神世界』)。さらに、この中間エリート層の社会的な上昇について、日本の律令制度は身分制を基礎にするものであって、中国の家産官僚制の伝統にみるような才能による選抜主義の制度を原則として否定しているが、古代仏教界の制度は、その初期において才能による選抜主義の原則を採用したため新しい国家体制に対する中間エリート層の支持要因を強める機能を果たしたと考えられるとしている。そして、この例としてたとえば行基・道鏡・最澄・空海などの場合をあげることができるとしている。

景戒が力説したかったことは、仏教に帰依することによって、前述した道鏡のように「中間エリート層」の上昇志向を満足させる何ものかが得られるということであった。それこそが、景戒は仏教を信仰するということで得られる現世での救済(現報)の一つであることを、たとえ悪僧と断ぜられたにせよ道鏡をもって言外に説かんとしたと考えたい。しかし、繰り返すが何よりも天皇の忠臣であった藤原氏にとって、こうしたことは脅威であったことは言うまでもない。

あらためて『霊異記』にみる行基に関する記述をみると二つの姿を読み取ることができる。第一は、人々に仏教を信仰することの意味を現前に示すという「霊異神験」とするカリスマ性をもった行基、第二は、五戒十善など戒律の受持を求めている行基である。いわゆる持戒清浄と作善を求めている。第二については、もう一つの薨伝ともいえる『続紀』宝亀四年十一月辛卯条にみる「戒行具足して、智徳兼備なり。先代の推仰にして、後生、以て耳目と為す」という記述である。

こうした行基への評価をめぐる二面性は、ことに聖武天皇の帰依僧であった行基を、光仁天皇が顕彰することにより、前代にあった聖武天皇と文化的な権威に結びついた。ないしは、文化的な権威を共有し、宗教史的な世界において、聖武天皇の系譜を光仁天皇が、行基を素材として道鏡の存在を念頭に置いて再編し継承することを象徴的に語り上げたことを意味しているように思う。この二面性こそが、行基をして後世の伝承上でも高僧として、人々に布教をして止まない僧としての強烈なイメージをもって生き続けさせていくこととなる。二面性をもった評価を生み出す契機を醸成したのが、前述したように良弁の死後しばらく途絶えていた僧正の地位に就任した善珠であったと思う。善珠は、行基と鑑真が「交歓」の仏教として変質させた奈良仏教を反道鏡的な仏教のあり方を体現する僧侶として位置づけるという役割を果たすことによって、その再構成につとめたと思いたい。景戒は、こうした意図のもとに光仁天皇が帰依した善珠を『霊異記』に登場させたと思えてならない。

景戒の主張しようとしたのは一連の行基に関わる『霊異記』の記述を見ても理解できるように、「霊異神験」の本源にはあくまでも呪術が厳然と存在していると言うことではないか。

わたくしは、まさにこれこそが、常に天皇なり律令政府に対峙せざるを得ない官僧ないしは奈良仏教者の肉声であったと理解したい。また、道鏡の仏教者としての性格は、本来的には、玄昉の学僧的性格を継承するものであった。しかし、すでに行基的な仏教の存在価値を知ってしまった律令政府は、道鏡に呪術の提供を主とする学僧以上の役割を期待してしまった。それは想像をたくましくするならば、父聖武天皇の後を受けて、大仏造立事業などの一連の仏教政策を完遂することで政権基盤とせざるをえなかった称徳天皇の意志によるともいえよう。そして、道鏡はこうした期待に必要以上に答えてしまった。称徳天皇とことさらな関係を彷彿とさせた道鏡の出現は、皇位継承など政権中枢の複雑な問題に動揺をもたらすものであった。

一方、道慈・玄賓のように、天皇との間に距離を置こうとする僧侶も存在していたことを忘れるべきではない。『霊異記』にはこの二人をはじめ、前述の玄昉も良弁も明記することなく、行基と道鏡を聖武天皇や称徳天皇との関係の諸相を描きあげ、仏教者の真骨頂として、天皇との関係をもって社会的な地位の確立や向上を目指し、ひいては仏教の存在感を高めようとの意図があったと思いたい。冷静な叙述の域をこえてしまうが、それだけに律令貴族層は未だに仏教の存在感を認知しえなかった。ことに道鏡の場合は。逆説的ではあるが、山折哲雄氏が指摘するように、玄昉・道鏡、そして、空海の三人の僧侶は、ことさらな関係を天皇と取り持つことによって、結果として、〝日本〟密教の定立の歩みを進めることとなったということであろうか（山折哲雄「玄昉・道鏡・空海」）。

しかし、重要な相違点がある、それは、玄昉と道鏡は、政争の渦に巻き込まれる形で、奈良の仏教界から放擲されるも、空海はむしろ、東寺や高野山を擁する教団を形成し、その系譜は現代までにおよぶことである。藤原氏など律令的貴族層、上層エリートと中間エリート層を出自とする僧侶との境界が、各々の役割分担を明確にするという背景のもとに空海が登場したことによって確たるものとなったことを受けるのであろうか。

景戒も、延暦・弘仁年間に生きて『霊異記』を編纂するなかで奈良末から平安初期にかけての皇統の変化やそれによる仏教政策の変化を目の当たりにした僧尼の一人であった。

さきにも述べたように、景戒は「霊異神験」の本源に呪術的な性格が厳然と存在していたことを主張しようとしていたが、さらには、実は、すでに述べたように道鏡にも同じような性格があり、両者には宗教的には類似性が存在していることを主張しようとしたのではないかと思いたい。

二　行基と道鏡

(一) 行基と道鏡と天皇・貴族層

藤原氏と対極的な位置にいたのが、吉備真備であった。真備の存在は、右大臣として道鏡の去就に一石を投じたと言えないか。その行実の紹介を兼ねて、一官僚と仏教との関係を紹介するために、再度、登場して頂くこととする。吉備真備は天平七年に唐から帰国の後、稀代の学者として、さらには政治家として、宝亀年間の初頭まで紆余曲折はありながらも長寿を全うした。通俗的ではあるが『続紀』という古代史の基本史料にことあるごとに登場してきた。いわば中央政界に何らかの存在感を維持し続けた人物であったといえる。

家庭教師が、時の天皇にとってどのような存在であったかを論じるのは、難解なテーマであるが、称徳天皇は最後の百日間とその後の皇位継承をめぐる暗闘のさなかにあっても、吉備真備、そして、妹と言われている吉備由利に信頼をおきつづけていたように思えてならない。この前提にたって、吉備真備が目にした行基と道鏡の行実は、どのようであったろうか。いわば吉備真備は、行基と道鏡という二人の僧の行実を生涯にわたって目の当たりにしてきた、天平時代の生き証人であるとともに奈良仏教の歴史の生き証人でもあった。

吉備真備は、立太子以来、孝謙天皇の侍講（家庭教師に匹敵する）としての姿勢を最後の最後まで貫いたと思う。そして、真備は、天皇の死後、病床にあった天皇の意を受けるが如く、天武天皇の第四皇子長親王の子である文室真人浄三・大市の兄弟を相次いで皇位継承者に推戴するなどして、自らの皇統観を主張した。

真備の政界や仏教界への存念の一端は、真備がまとめ上げ家訓とした「私教類聚」がある（瀧川政治郎「私教類聚の構成とその思想」）。その第十三に「仏法を信ずべき事」、第三十一に「詐巫用いること莫き事」には、仏教を尊崇し信じること、「詐巫」を用いて呪術を行うことを邪道として忌避している様子がうかがえることなどを念頭におくと、邪道な仏教者とみえる道鏡の台頭には辟易としていたに違いない。真備は、長く侍講として仕えてきた天皇には、唐での経験や知見の全てをもって、彼なりの帝王学として提供してきたであろう。しかし、それでも称徳天皇の晩年の治世にあっては、「公私に彫喪して、国用足らず。政刑日に峻しくして、殺戮妄に加ふ。」と酷評されたように、臣下に忠誠を促す意味も込めて「五節の舞」を舞った時の阿倍内親王の颯爽とした姿をそこに見いだすことは不可能であったかもしれない。

宮田俊彦氏は、真備について儒者であるが築城・行軍・用兵にたけた人物として中央での立身出世の機会をつかんだことが多かったとしている（宮田俊彦『吉備真備』）。さらに二度目の「致仕」（辞職願）について白壁王は、『続紀』宝亀元年十月丙申条には、

是より先、去ぬる九月七日、右大臣従二位兼中衛大将勲二等吉備朝臣真備上啓して、骸骨を乞ふて曰く、側かに聞く、力任へずして強ふる者は則ち廃す。心ず逮ばずして極むる者は必惛しと。真備、自から観るに、信に験と為すに足れり。去る天平宝字八年、真備生年数へて七十に満つ。その年の正月、致事の表を大宰府に進り訖ぬ。いまだ奏せざるの間に、即ち官符有りて、造東大寺長官に補せらる。これに因りて入京して、病を以て家に帰りて、仕進の心を息む。忽に兵の動くことあり、急に召されて入内し、軍務に参謀す。事畢りて功を校ぶるとき、この微労に因りて累りに貴職に登る。辞譲を聴されずして、すでに数年を過ぐ。即ち今老病、身を纏ひて、療治すれども損え難し。天官の劇務、暫くも空しくすべからず。何ぞ疾を抱くの残體久しく端揆を辱しめ、数職を兼

帯して万機を佐くることを闕くべけむや。自から微躬を顧みて靦顔すでに甚し。天に慚ぢ地に愧ぢて身を容るる処なし。伏して乞ふらくは、事を致して以て賢路を避け、上は聖朝の老を養ふの徳を希ひ、下は庸愚の足ることを知る心を遂げむことを。特に殊恩を望みて、矜済を祈る。慇懃の至りに任へず。謹て春宮の路の左に詣で、啓を奉り陳べ乞ふ。以て聞せよ。是に至りて、詔報して曰く、昨に来表を省みて即ち告帰を知る。聖忌いまだ周くあらず。縣車何ぞ早き。悲驚交緒れて、卒に答へむ言こと無し。通夜労を思ひて、坐て旦に達れり。請ふ所に依らざれば、謙光に逆ふに似たり。来情を遂げむと欲すれば弥賢佐を思ふ。宜しく中衛を解き、猶大臣を帯べし。坐塾の閑、朝右を空しくすること勿れ。時涼想ふに和適せむことを。指多く及ばずと。

とあるように、九月に白壁王＝光仁天皇にあてて提出した、いわゆる真備の「乞骸骨表」である。その一節には、「易経」繋辞伝下や「荘子」則陽篇第二五に典拠である「側かに聞かく、力任へずして強ふる者は則ち廃し、心逮ばずして極むる者は必ず悟し」とある。これは、称徳天皇の亡き後の皇位継承をめぐる暗闘から退いたという無力感からくるものではなく、律令の性格の一端を物語る「教化遵礼」を体現する律令官僚として、天皇を補佐しきれなかったことを表現しているのだと思う。なおかつ橘諸兄・藤原仲麻呂、そして道鏡との鬱々した確執にみちた官暦をふりかえった上であったと思いたい。

この「辞職願」は、称徳天皇の三十五日という忌日に提出されたもので、真備の強い意志が表れている。さらに二度目に及ぶ「致仕」（辞職）の願いに対して白壁王は、「賢佐を思う」として、その功績を讃えつつ兼任していた中衛大将の職は解くも、右大臣の職に留まることを求めた。「坐塾の閑をもて、朝右を空しふすること勿れ」として、学問に熱中することなく今までどおり朝政への参画も促した。

真備としては、七十歳を過ぎて自らの体力の衰えを感じた上での覚悟を再三におよび辞職願にこめたのであった。

「聖朝の老を養ふ徳」という特段の配慮があったにせよ、「傭愚の足ることを知る心」という自身の才覚のなさを多少なりとも理解がえられなかったことへのむなしさもあったろう。

すでに真備は、暗闘の直後には、『日本紀略』光仁天皇宝亀元年八月癸巳条の一節によれば、称徳天皇の後の体制が藤原氏によって決まった直後に「舌を巻き如何とすることもなし」や「長生の弊をもて、還りて此の恥に遭ひ致仕の表を上る」とあるような述懐をしている。これは、中間エリート層・在地豪族層の出身として、入唐経験で得た知見を大いに発揮したにもかかわらず、学者政治家の限界と一官人の晩節の哀れさを象徴しているように思う。たとえ天皇の側近の一人であったにせよ藤原氏などが形作った「サークル」には所属できなかった。この晩節なり末路は奇しくも道鏡も同様であったことは、再三、記述したとおりである。

大山誠一氏の指摘を踏まえるならば、藤原氏は藤原不比等以来、四子や仲麻呂に至るまで、常に「明き浄き心」をもって、持統天皇以来、歴代天皇の忠良なる臣下の代表格として意識的に律令政府を支えてきた（大山誠一『天孫降臨の夢』）。その成果が人臣皇后として初の光明子の立后であり、その子の阿倍内親王の即位による孝謙天皇の誕生であった。

しかし、藤原仲麻呂による、舎人親王の子であった大炊王の立太子と、その後、即位した淳仁天皇の誕生は、より身近に天皇の位を引き寄せる行動の所産であったように思う。その作業は、まず大炊王を自邸田村第に引き寄せ、ついで仲麻呂の死去した息子真従のかつての妻であった粟田朝臣諸姉を大炊王と結婚させるという周到な行程をたどった。いわば、自らの「コロモのウチ」で天皇とその妻とを一度に造形した。一歩も二歩も皇位を自らの世界に近づけたのである。それは、孝謙天皇の即位以上に、藤原氏にとっては、皇位との関係の変化を象徴していたと言えよう。

しかし、太政官を凌駕する光明皇太后のための組織である紫微中台（皇后宮職を改称したもの）の長官にあった仲麻呂の深意に皇位への「覬覦」や「僥倖」の念が、これまでの藤原氏の人々以上の地位にのぼりつめ、忠良なる臣下以上の立ち位置を模索させたと考えるのは早計であろうか。

藤原氏は不比等、武智麻呂・房前・宇合・麻呂をもって南・北・式・京の四家に分流したとはいえ、皇位に対する姿勢は不変であったと思う。天平宝字八年以後、仲麻呂（南家）の後をうけた豊成（南家・七〇四～六五）、永手（北家）、良継（式家・七一六～七七）・百川（式家）は系譜を異にするも、皇位への認識は一致していたと思う。天皇の「忠良なる臣下」は我が一族の右にでる者はいないと自負していた藤原氏にとっては、道鏡の行動は、到底、受け入れることができなかったであろう。

道鏡は、藤原氏が天皇の補弼の臣下たる以上に、法王の地位につき、天皇の権威がもたらす恩恵を一身に享受した。このことに対して、補弼の地位、ないしは天皇の権威に最も近いと自負していた藤原氏一門によって、むしろ天皇の権威を徹底的に蔑ろにするものであるとの認識を増大させた。これをもって、藤原氏一門は、自らの地位や存在感を堅持するためにありとあらゆる手段をもって道鏡に悪のレッテルをはり、その存在を忌避し続けることとなった。その忌避の度合いは玄昉や行信とは比較にならないものであった。これより現代的にいえば、ミセシメとして、道鏡を筆舌に尽くしがたい方法で歴史の彼方に追いやった。後世の人々も、道鏡と運命をともにすることを避けるために、藤原氏一門によるネガティブ・キャンペーンに追従し、ともすると、そのようなコンセプトにしたがって、悪なる僧として道鏡を語り草の種にし続け現代に至っていると言うことではないか。そこには、単に「語り草」に追従することはあっても、〝ミセシメ〟の構造を問いなおす動きを見出すことはできない。

少なくとも六世紀の欽明天皇以来、臣系氏族の蘇我氏と歴代天皇が姻戚関係によって政治を左右していたように、藤原氏が聖武・孝謙（称徳）の天皇の時代に至るまで、さらには平安時代の摂関家による外戚関係が政治を左右したのと同様のことが、連綿と繰り返されてきた。

すなわち、奈良時代においては、連系の氏族中臣氏から藤原氏に、その氏族的な性格を変革したことと相前後して、天皇家と藤原氏を主とする上層エリート層は、重層的な姻戚関係を形成し、いわゆる政治的な力の糧にしてきた。伝説的ではあるが、遣唐留学僧であった玄昉は、藤原不比等の娘で聖武天皇の母藤原宮子との間に善珠をもうけたことにより、失脚を免れなかったという説もある。

(二) 師と弟子

行基と道鏡を対照する目安として、両者の師弟関係を取り上げてみたい。師弟関係の基本理念とも言えるのが戒律である。これに関して、奈良仏教の世界が、大乗的であったか小乗的であったかの論議は未だに決着していないように思う。ここでは、便宜上、小乗律の代表格と言える「四分律」を手がかりとして、師弟関係の基本理念の一例を示しておきたい。

例えば、沙弥(尼)と比丘(尼)との間の師弟関係は、阿闍梨、すなわち師比丘が弟子とする沙弥に「帰依仏、帰依法、帰依僧」の「三帰三唱」によって三宝に帰依せしめ、十戒を授与して受持を誓わせればよく、僧伽(寺院を担っている僧尼の集団)の許可を必要とせず、僧伽の全員に知らしめればよいということからスタートする。そして、両者の関係は、和尚比丘のもとに弟子比丘が五年以上十年間は学ばねばならないとする和尚法と弟子法が準用されるとしている。このように結ばれた師弟関係を軸として沙弥・沙弥尼は寺院内で修行生活を過ごし、場合によっては、師比丘・比丘尼の命令につき従い東大寺などに設置されていた写経所での貸借の使い等の任務に従事することもあった。

こうした労働奉仕が、沙弥・沙弥尼の修行生活の一部であったといっても過言でない。師(僧)と弟子(僧)の関係は、律蔵に仏陀の言葉として、和尚が弟子の修行生活を見守るには、まさに自分の子のように扱い、弟子が和尚の生活の身の回りを世話するにあっては、まさに父に接するようにせよとある。そして、受具（新たに比丘・尼となるために必要な戒律を授けられること）した比丘の場合、師比丘のもとで、五年ないし十年の間、倶住の弟子として学修するとしている。師僧と弟子との関係は、年齢の上下で決められるものではなく、出家して経た年数（これを法臈という）によってきめられた。年若き比丘である師僧に壮年の新たに出家した弟子が仕えることもあった。こうした師弟の関係について、僧尼令三宝物条によれば、

凡そ僧尼、三宝の物を将て。官人に餉り遣り、若しくは朋党を合わせ構へ、徒衆を擾乱し、及び三綱を罵り辱しめ、長宿を陵ぎ突けらば、百日苦使。若し集まつて事論するに、辞状正直にして、理を以て陳べ諌めむは、此の例に在らず。

とあるように、各寺の事務機関である三綱の役職者をののしりはずかしめることと、長宿（長老宿徳の略）、つまり師主僧等を欺きしのぐことをしたならば百日の苦使、すなわち寺院内で百日間の労働奉仕を科すとしている。同様の規定は非寺院条にもあり、長老宿徳を殴打したならば、時には苦使よりきびしい僧団からの追放刑である還俗に処すとしている。

律令政府が、比丘・比丘尼と沙弥・沙弥尼という仏教者としての階層を俗法的に追認するということは、布施（賑給）や季録等の衣服や食料の支給にみる経済的処遇の差だけではなく、以上の二つの規定にみる僧団内の長老宿徳と凡僧（一般の僧尼）との間の秩序維持という姿勢を含むものであると考えるべきである。それは、前述の仏教教団の律蔵にみる和尚法、弟子法の精神の反映ととるべきであろうが、俗法的側面である律令政府による寺院内における明確な階層性の形成を促す機運があったことの証しでもある。行基と道鏡の場合はいかがであったか。

行基の弟子、いわゆる行基集団の具体像は、『続紀』や『霊異記』において、断片的で、その全体像は明確ではない。しかし、日下無倫、安倍嘉一、石村喜英、吉田靖雄の各氏は、唐招提寺蔵「行基大僧正記」の記述に従って弟子の具体相を分析している（日下無倫「行基菩薩門弟考―大僧正記に就いて―㈠・㈡」、安倍嘉一「唐招提寺蔵『大僧正記』について」、石村喜英「行基の弟子列伝と一・二の問題」、吉田靖雄『行基と律令国家』・『行基』）。それらによれば、弟子間には階層があり、十弟子は景静・法義をはじめとして十人、翼従弟子は井浄をはじめとして千有余人、故侍者は霊勝・信厳をはじめとして千有余人、親族弟子は元興寺僧真成など百有余人であるとしている。

吉田靖雄氏によれば、弟子僧の内、景静は宝亀年間に十禅師、法義は「唐大和上東征伝」に行基の弟子法義として鑑真を出迎える使者になるなどして、行基集団の指導層に属していた。彼らは、公的法会に嘱請（召集）され、公的使者にもあてられ、官寺の三綱に任じられるなどした。全く正式な官僧であったとしている。さらに吉田氏は、弟子のうちに有力な官僧が活動していたので行基が処罰をまぬがれたと、推測に過ぎないが資料を提示して所見の批判を待ちたいと思うとして、果敢に弟子集団の実相にせまっている（吉田靖雄『行基』）。

弟子という定義は一律に扱うことができない。師がみとめた場合とそうではなく書物や講義を拝聴して、弟子を自称する場合もあろう。行基の数千におよぶ弟子の数を一律に認めるわけにはいかないが、大野寺土塔周辺から出土した文字瓦（大阪府堺市）にみる知識集団の一員と思われる人々の存在などにより、行基の影響力の一端を傍証することは可能であろう。こうした弟子の僧が畿内の各地で、在地豪族層を手始めに感化し、行基集団の形成に一役も二役も、になったということであろう。

故侍者の信厳について、同一人物と思われるのが、すでに記述した『霊異記』中―二にみる信厳である。

信厳は、俗姓は、血沼（ちぬ）縣主倭麻呂といい和泉国和泉郡の大領であった。倭麻呂は、あるとき母烏が幼き子に食物を与えることなく「他の烏」とともに北を指して飛び去ってしまったのをみて悲しみ、妻子や官位を捨てて行基の弟子となり、信厳を名乗ることとなった。その志は、「大徳と倶に死に、必ず当に同しく西方に往生すべし」というものであった。弟子の信厳が出家得度するにあたってのことさらな契機やその後の修行の様を語り、仏道修行者として秀でた弟子と評している。さらには、大領の妻も、自らの子の死去もあり、そのあとを追うかのようにして出家したという。

その後、信厳は急な病が原因であろうか、「幸なく縁少なく、行基大徳より先に命終はりき。」と師弟の急な別れが到来した。行基は、大変歎き悲しみ、「烏といふ大をそ烏のことをのみ共にといひて先だち去ぬる」と歌を読み、切々とその早き死を悼んでいる。子の死とともに弟子の早死も、心に痛手を負おうと言うことであろう。

一方、道鏡の師弟関係はいかがであったろうか。まず道鏡の師は、二人いた。一人は外典(儒教や道教など)の師である路真人豊永(生没年不詳)と、もう一人は、内典(仏教)の師である初代東大寺の別当となった良弁である。

路真人豊永は、『後紀』延暦十八年(七九九)二月乙未条の和気清麻呂薨伝の一節によれば、

是より先、路真人豊永道鏡の師たり。清麻呂に語りて云はく、道鏡若し天位に登らば、吾、何の面目を以て、其の臣たるべきや。吾、二三の子と共に今日の伯夷と為るのみ。

とあり、宇佐八幡宮に称徳天皇の命を受けて皇位をめぐる託宣の真偽を確かめる任にあたる和気清麻呂を励ましている。豊永は自らを中国殷代(紀元前一五〇〇～一〇二〇年頃)の伯夷叔斉《しゅくせい》になぞらえて、天皇の寵愛を得ている高僧であっても、身を賭して道鏡の皇位への高望みな行為を妨げようとしたという。伯夷叔斉の兄弟は、時代の変化を憂いながら餓死したというが豊永はいかがであったか。その後、桓武天皇のもと延暦十年正月に従五位下となり、同年二月には左京亮となる。豊永は、敏達天皇の皇子難波親王の孫とつたえるが、弟子の道鏡が出世したにもかかわらず、

その恩恵に浴すことがなかった。こうしたことからか、宇佐八幡に赴こうとした和気清麻呂を激励し弟子道鏡の失脚への歩みを促す役割を果たしたのであろう(横田健一『道鏡』、平野邦雄『和気清麻呂』)。

豊永を道鏡に外典、つまり儒教や道教などの、後世でいえば「漢学」を伝授した漢学の師というならば吉備真備と同様の学識を備えた人物像を想定するとよいかもしれない。それでも私見を述べるならば、伯夷になぞられる師とはいえない。伯夷のたとえについて、『荘子』駢拇篇の一節によると、「其の生を残い性を傷るに於いては均しきなり。奚んぞ必ずしも伯夷の是にして、嫉妬の非ならんや。」さらに「其の生を損ずるが若きは、則ち盗跖も亦た伯夷のみ。又悪くんぞ君子と小人を其の間に取らんや。」とあり、たとえ君子に殉ずるとはいえ、財貨のために死した盗賊であった盗跖の死と何ら異ならず、「生命を粗末にして自然な生まれつきを傷つた」とある。君命に豊永が殉ずる覚悟を表明したとしても、生命を粗末にすることがあることなどをめぐる評価や真偽は如何であったかと考えることも是としたい。

その後、豊永は、明治七年(一八七四)に護王大明神和気清麻呂を祭神として創祀された護王神社(旧別格官幣社、京都市上京区)に、清麻呂の姉広虫(七三〇〜九九)と藤原百川(七三二〜七九)とともに同十九年(一八八六)十一月に合祀されている。時代の風潮の所産であるにせよ、神にまつりあげられた。これもひとえに道鏡という希代にまれな弟子を持った恩恵であろう。四恩の一つである師への報恩を後世に遂げるという、皮肉ではあるが道鏡らしい酬いかたと言えよう(図7)。

道鏡は、天平十九年頃には、良弁の周囲に沙弥として修行生活を過ごしていたであろうことが、「正倉院編年文書」のうちの「納櫃本検定并出入帳」によってうかがえる。しかし、それ以上に両者の関係を伺うことのできる素材は見いだすことができない。

師良弁と弟子道鏡の関係は、道鏡が次第に権力の座に近づくにつれて、気まずいものとなったという指摘もある。道鏡派の僧侶を「寺鎮」という役職につけて、東大寺経営の主導権を握ろうとしたことがあった。しかし、これらの役職は、道鏡の失脚によって姿を消していったのでなおさらである。

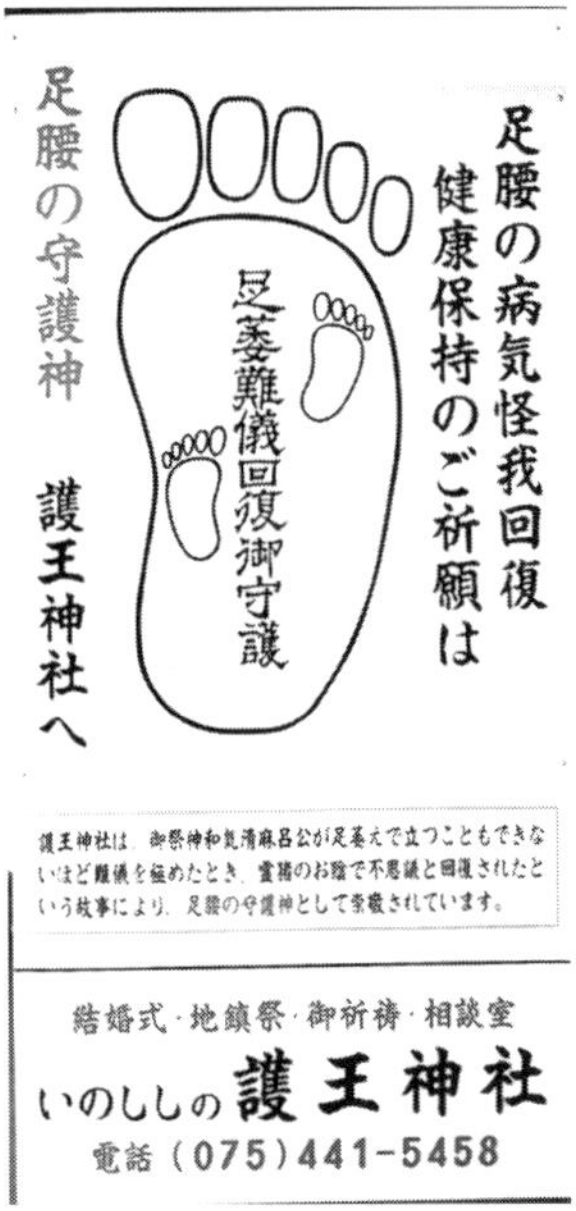

図７　護王神社境内にて
（京都市上京区）

道鏡と僧俗二人の師との関係は、結局、「気まずいもの」となってしまった。強烈な個性ゆえであろうか、ないしは、その異才ゆえであろうか。そして、「気まずいもの」は、路真人豊永とのあいだでは、道鏡の失脚を加速させる役割をはたしているのである。何時の時代でも、「四恩」のひとつにある「師恩」、すなわち師を大切にせよとの戒めであろうか。

なお、一説によると道鏡は、岡寺の義淵（?〜七二八）の弟子であったともいう。義淵には、七上足といって高名な七人の弟子がいた。鎌倉時代の仏教書である『三国仏法伝通縁起』によれば七人の弟子とは、玄昉・行基・宣教（生没年不詳）・良敏（?〜七三八）・行達（生没年不詳）・隆尊（七〇六〜七六〇）・良弁であるという。道鏡もこうした弟子の一人であったとの指摘（横田健一『道鏡』）がある。

一方、「七大寺年表」などによれば、道鏡の弟子には、元興寺三論宗の大僧都円興と大律師基真がいた。一説では、基真は円興の弟子との説もある。円興は道鏡政権の誕生早々に僧綱入りし大僧都や法臣となり、政権の崩壊後も宝亀九年（七七八）ごろまで大僧都の地位を占めていたという。一方の基真は、円興と同時期に僧綱の大律師や法参議の地位についた。『続紀』神護景雲二年（七六八）十二月甲辰条に是先、山階寺僧基真、心性常なく、好みて左道を学ぶ。詐りてその童子を咒縛して、人の陰事を教説す。至乃、毘沙門天の像を作りて、密に数粒の珠子をその前に置き、称して仏舎利を現すと為す。道鏡、仍りて時の人を眩耀して、以て己が瑞と為むとを欲ふ。乃ち天皇に諷して、天下に赦し、人ごとに爵を賜ふ。基真に姓を物部浄志朝臣と賜はり、法参議を拝して、随身の兵八人。基真に怒を作す者は、卿大夫と雖も、皇法を顧みず。道路これを畏れて、避くること虎より逃るるが如し。是に至りて、その師主法臣円興を凌突して、飛驒国に擯せらる。

とある。隅寺舎利出現事件、円興への「陵突」（障害）事件をおこすなどして、『続紀』によれば神護景雲二年十二月に舎利出現の偽作や不行跡をもって山階寺僧として飛驒国に流罪の処罰を受けるなどした。基真が関わった事柄の一つは捏造したことが公になるも、道鏡が法王の地位につく契機をなし、一つは道鏡政権の「カゲリ」を象徴する事件でもあった。道鏡政権の紆余曲折を象徴する弟子僧であったといいたい。

以上のように行基の弟子は、称徳天皇の死を経て光仁天皇と桓武天皇の時代となるも四十九院の維持や十禅師のうちに配せられるなどの多少の栄誉を受けた。しかし、道鏡にとっては弟子の一人の去就により、政権の紆余曲折を予兆するカタチで、中央の仏教界から身を退けさせられることとなった。そして、その弟子たちに対して、道鏡は何らの手立てをほどこした様子を推定することはできない。ただ、弟子の一人であった円興は、前述のように道鏡の失脚の後もしばらくの期間、僧綱の一員として地歩を維持していた。これは、円興の資質によるのであろうか不詳としておくしかない。

㈢ 行基と道鏡と平安仏教

繰り返すようであるが、官寺や宮中に寂居しつつ、自己の学識をもって可能な限り天皇＝国家を護持した道鏡の姿に同情すべきことが多々あったように思う。これが後世にかまびすしく喧伝された道鏡を悪僧とすることを差し控えさせたとも指摘したい。しかし、その後、上層エリート層の藤原氏のビジョンのもとに仏教と天皇との関係が俗法優位のもとで、光仁・桓武の両天皇によって構築され、さらに最澄と空海による、いわゆる平安新仏教が誕生したのではないか。

奈良仏教と平安仏教をめぐる環境の違いを論ずる際に多くの課題が吹き出してくる。中でも密教の歴史を語る上で使われる言葉が純密・雑密である。それらは、奈良仏教は学問仏教で難解で中国仏教を写し取ったに過ぎないという見解とも関わり、平安仏教をもってようやく日本仏教が成立し、二つの時代の仏教の比較に関わる見解にも発展していく。このことについて、奈良の密教は僧俗がともすると近接した環境の中で享受されたが、平安の密教は、天皇・貴族層のみによって享受されていったと言いたい。それをともすると俗界と隔絶していたので、「山の仏教」と称する指摘(原田敏明『日本宗教交渉史論』)もある。

その意味で、開放的な行基・良弁による人々との「交歓」という「喜ばしき経験」と玄昉と道鏡による仏教者と為政者との異常とも思える「交感」という「悪しき経験」を踏まえて、天武天皇の皇統に属する称徳天皇から天智天皇の皇統に属する光仁・桓武の両天皇への変化と軌を一にするかのように、平安の仏教者は、例えば善珠が薬師信仰を国家護持の法会に再構成したことに代表されるように、再び仏と為政者との「交感」に徹することとなったと思う。ここに奈良仏教が自ら獲得した「交歓」の仏教を放棄し、それ以前に逆行していった。

奈良仏教は、原則的には僧尼令によって規定された官僧は官寺での修学を中心とした生活に加え、天平十年代の後半に宮中に設置された内道場における護国法会に終始していた。しかし、天平十五年(七四三)十月の大仏造立の詔を機として、官僧ですら寺外に出て、多くの人々に仏教の存在感を知らしめる生活へと転換した。

こうした官僧＝仏教者の生活の転換は必ずしも仏教者の側にのみ原因があるのではなかった。国家主導の知識結による大仏造立事業の推進のために助長されたのである。官寺での学(教学)中心から信(これを前提とした行)を問い、人々を仏教信仰に誘う新たな信仰的なメカニズムへの転換であった。

僧綱の構成員や官寺の学僧＝官僧は、看病禅師として内道場に出入りして、自らの行を競い合い、それに時代の政治状況が呼応して、一層の実学的・教学的な深化が進んでいった。内道場は、その意味では、官僧の登竜門であるとともに、高僧に必要な「権威」の醸成の機会をもたらす場でもあったように思う。その「権威」の増大に一役かったのが、鑑真の来日であるとしたい。

鑑真、ないしはその余香は唐代仏教の最新版を意味し、新しい信仰的なメカニズムとして編成された「密教」熟成の触媒の役割をはたしたと言いたい。つまり玄昉によって「密教」の種子がまかれ、行基の登場によって官僧でありながら官寺の枠を飛び出し、律令政府の仏教観の変革を誘うということで成長の前提が形成された。そして、道鏡の登場によって「奈良密教」へと熟成させていった。さらに、善珠と如宝の二人が、「触媒」として鑑真の「余香」を最大限に活用して奈良仏教の流れを平安時代まで持続させていったように思う。

行基の登場は、例えば大仏造立の実現のメカニズムとして、知識結という信仰的なシステムの出現をもたらした。そして、ここには交歓によって発生する信仰的なエネルギーが、方向性を規定されつつ律令国家に収斂されていく運命を内包していたことは、すでに述べた通りである。

一方、道鏡の登場のもつ意味は、単に国家の中枢であり、権力の源泉でもある天皇と与し、これをもって仏菩薩と信仰的に対峙し、信仰的なエネルギーの発露としての信仰活動にともなう造寺・造塔・造仏の諸費には、結果的に国家内部で調達し充当することをせまった。しかし、国家的な事業と化した仏教的な諸事業は、当初は功を奏するも、次第に国家組織の中枢を担う藤原永手などの貴族官僚層の政策理念との乖離を顕在化させ、ひいては特定の僧侶の私利私欲を満足させることに費やされるものと喧伝までされることとなった。ついには、それ以外の官僧の既得的な権益をも浸食してしまうとの認識を醸成することとなる。こうして、まさに玄昉と同様に奈良仏教界だけでなく政界にも道鏡忌避の機運がたかまっていったのである。

こうした機運は、道鏡が称徳天皇＝皇権との文化や宗教のみならず政治をめぐっても重層的・究極的な関係を構築するに及んでは、なおさらであった。「道鏡型」の天皇との「交感」が醸し出す「空恐ろしさ」は、より深く律令貴族層の間に蔓延し、ついには、「忠臣」という人々の忠義をもって駆逐の機会がもたらされた。

「空恐ろしさ」は、律令貴族層の間に蔓延し、ついには、和気清麻呂という「忠臣」を造形した。そして、彼らの忠義を契機として、道鏡の存在を駆逐しようとの機運が増大していった。その代表格が、八幡神託事件であり、そこで登場したのが和気清麻呂であった。清麻呂をめぐる行実について、中西康裕・長谷部将司の両氏による精緻な指摘（中西康裕『続日本紀と奈良朝の政変』、長谷部将司『日本古代の地方出身氏族』）がある。それに従うならば、清麻呂は光仁天皇と桓武天皇による、いわゆる新政の樹立安定化のための象徴的な忠臣としての姿が思い起こされるのである。

さらにこれに追い打ちをかけるかのように、律令政府は、『続紀』という「正史」（＝勅撰の史書）において、いわゆる「行基型」の「交歓」を是とする判断を道鏡死後一年にあたる宝亀四年（七七三）十一月辛卯条で行う。

『続紀』宝亀四年十一月辛卯条をみると、行基は、「戒行具足して、智徳兼備なり。先代の推仰にして、後生、以て耳目と為す。」という表記で、再度、行基の行実が語られることとなった。ここでの行基は、新たに即位した光仁天皇のもとでの来るべき時代の学僧中の学僧として、表記されているように読解できる。だが、それは決して聖武天皇からの破格の帰依を受け天平時代の大仏造立に与し、人々の面前に布教僧として佇んだ姿までも否定するものではなかったと思う。

(四) 行基と道鏡

二人の評価は、すでに再三にわたって述べたように、宗教的な観点に立っての評価の相違ではなく、ともすると政治的・世俗的な理由によることが多い。

それでも学問的ではないとご指摘をうけるであろうが、現代人のまなざしで評価するといかがであろうか。行基による人々への布教内容は、単に仏教的なことのみではなく、河川工事をめぐる土木技術にも及んでいた(尾田栄章『行基と長屋王の時代』)。それは、たとえ仏教者の素養である五明に基づくとはいえ、自然に対峙する強靱な精神をも養うものであり、自然を加工し破壊を行うことに対する免罪符を在地の人々、さらには天皇・貴族層にもたらしたであろう。行基が原型を提供した知識結を改変して天皇・貴族層は、目的達成のために在地の人々の物心両面のチカラを結集させるメカニズムをも提供したのであった。これを、悪と断ずる十分な見識は私にはないが、もう一つの行基像であると、後世の者の一人として受け止めることをお許し頂きたい。

そして、一方の道鏡を、真摯に称徳天皇という一人の人物を救済してやまなかった(交感に徹した)仏教者として評価したい。覬覦と僥倖の二語は、勅撰の史書である『続紀』の史官による前述したように政治的・世俗的な背景のもとに創出された造語と筆誅を意味していると断ずるのは早計であろうか。

行基と道鏡を「神と仏の関係」・「天皇への対応」・「縁起・伝承への登場」を対照してみたのが、表5「行基と道鏡を対照する」である。

キーワードは、聖俗関係と内法・俗法の関係、そして、縁起への登場を多寡とした。全国の寺院の縁起や伝承(以

表5　行基と道鏡を対照する

	行　基	道　鏡
神と仏の関係	在地の自然に内在するカミガミ（神々）に対峙し仏教の力で克服し教化（時には、自然を加工）する。	宮廷の神々を交渉・習合することにことにより、護法善神とする。聖俗関係の変化により、政治体制の変革の危険性も内包していた。
天皇への対応	知識結（発願主として）の一員として、対応して特定化していない。内法と俗法の関係は曖昧。	仏教の力によって救済されるべき者として特定化している。内法優位。
縁起・伝衆	全国の巡礼寺院などの縁起に聖武天皇が帰依した僧として開創伝承や自然現象（湧水や温泉の発見）にかかわる僧として登場。	所出事例が少ない。寺院の開創伝承の一部や遺跡の由来に関係する僧としてのみ登場する。

下、伝承と表記する）上にうかがえる行基は聖武天皇が帰依してやまない僧というイメージである。例えば、四国八十八ヵ所巡礼札所第三十一番の竹林寺（真言宗智山派・高知県高知市五台山）の「土佐国五台山金色教院竹林寺略縁起」では、

　夫当山者、文殊大士応現の霊区、行基菩薩の勝護なり。

昔聖武帝御夢に大唐の五台山に至り、文殊菩薩を拝し三解脱の法門を受と見給ひ叡感斜ならず。則行基菩薩に詔して御夢のことを告、本朝におゐて震旦の五台山に似たる霊地あらば、彼山に擬らへ伽藍を建立すべしと宣ふ。時に行基奏して曰、臣僧行化して遍く諸州をみるに、土州長岡郡に奇異の霧嶋ありて、其かたち震旦の五台山に異ならず。五峯たかく聳て文殊の頂に五髻あるに似、三池ふかく堪て三解脱の法門をしめすがごとし。伝へ聞、むかし金輪際より一夜に湧出せり。故に此山地震動揺せずといへり。しかのみならず奇光霊瑞勝げて計ふべからず。まこと是文殊大聖の浄土なるべし。ねがはくは此地に伽藍を建立し給へと。天皇叡聞有て大に感嘆し、すで

に勅して神亀元甲子年伽藍を営興せしめ給ふ。

爰に行基薬栴檀の御衣木をもって、みづから文殊の尊像を造らんと誓て、まづ修法持念すること一七日、満ずる時に至り明星檀(ママ)上に降り、化僧忽然と来て劉刀相共に坐像一軀を彫刻し、さきに降処の明星を像内へ納畢て、化僧たちまち光を放天に昇去ぬ。見聞の諸人驚嘆せずと云事なし。かの像を拝するに、妙相瑞厳にして人工の及ぶ処にあらず。まことに生身の菩薩と言ひつべし。また行基像木の余財をもって本堂の中庭に挿、誓ひていはく、もし此山仏法興隆せば宜く枝葉を生ずべしと。果たして一株の桜と化し春ごとに根より花開く。此故呼て根桜といふ。

其後弘法大師四州を巡り当山に至り、五峯を五鈷に配し三池を三鈷に擬し、又独鈷杵を抛ば岩裂水湧、名て独鈷水といふ。掬して是を呑もの諸病を治せずといふことなし。是則大聖加持力のいたす所也。大師暫く爰に住して瑜珈を修し堂宇を補草し給ふ。このゆへに中興祖と崇、爾来四国巡礼の札所となり、六十六部の納経所として道俗あゆみをはこび、二世の悉地をいのる。謹で経文を案ずるに、文殊菩薩は、三世諸仏出世の智母、十方如来発心の師なり。諸仏の行化をたすけんため、或は菩薩の身、或は聲聞辟支仏の身、或は種々の相貌を現じ、一切衆生を仏道に引入し給ふ。就中五逆重罪の悪、五障三従の女人結縁し衆生を利益せんとの誓願なり。文殊経に曰、捨離女人形、転生智男身、得男子身已、即成大菩提と説り。故に八歳の竜女は文殊の教化により女身を転じ、南方無垢世界に行て正覚をとげ給ふ。法華提婆品につまびらかなり、誰か此尊をしんぜざれんや。


とある。行基が、聖武天皇の夢告に基づいての詔により文殊菩薩をまつる寺院として竹林寺を創建し、その後、空海が中興したとある。行基のあとを空海が受け継ぐという縁起である。道鏡にはこうした好意的な内容の縁起は存在しない。

縁起ではないが奥書によって後白河法皇(一一二七〜九二)の周辺で制作されたと思われる「道鏡法師絵詞」が存在する。だが、内容は好意的な記述に満ちてはいない。例えば、

かかるほとに、道鏡御門に申様、太政大臣にてまつりことをすへおこなふともかきりあれは、たた人のもてなしは、ちかうさふらふ身にて、かたしけなくなんおほえ候に、此大臣をかへしたてまつりて、法皇の位になされたらは、俗のかたのこともしり給へて、ひとへによろつのきしきさほう、たた御門にひとしうもてなさせ給へと申けれは、たたいかにもいかにものたまはせ給はんままに、いとやすき事とて、法皇の位にあつけすへられぬ。(絵)さてよろつの事、御門の御やうにて、御ゆきし給ふおりは、こしをおなしやうにつくりて、さきにもたてす、しりへにもたたす、おなしやうにならへてなんわたり給ひける。すみ所はゆけの宮となんつけたりける。つかさつかさみなわかれて、御門の御すみかとおなしやうなり。節会除目叙位のおりなとは、くちいれしといひしかとも、御かたはらにまいりて、ほしきままに申なし。有時はわかすみかにて、おこなふときもあり。女帝におはしませば、時の人いみしき事ともをなん申あひけり。

とあり、一連の『続紀』の記述に見るような、道鏡の専横の様を画いている。さらには、

そのころのゆけの法皇のおほえ、すへてならぬ(ふか)人なし。すこしもひむなしとおもふ人をは、御門にあしさまに申おこなへは、時の人こほりをふむやうに思たり。

とあり、権勢を謳歌し、周囲の人々もまるで氷を踏むが如く、対していた様子を描いている。

むしろ、記述内容を見る限り、筆誅に近い印象を抱かざるを得ない。高瀬承嚴氏によれば、絵詞の作者は、『続紀』、『後紀』、「和気清麻呂伝」等を参照して道鏡非望の計画に関する一段を綴ったものであるとしている。そして、制作の目的について、「後白河法皇に深い御思慮のあらせられたものであらう、剛腹に渡らせ給うた法皇は、御若年の頃

より皇位継承につきては、親り観ぜらるる事象甚だ繁く、又武人の跳梁に依りて辛酸を嘗めさせ給うた法皇は、衰竜の袖にかくれて私曲を廻らす閹人武人打破の策を樹て給うて居たから、私曲を逞しうする輩の末路かくの如きを知らしめむこの志から作らしめ給うたと創造し得らるる」と言及している（高瀬承厳「道鏡法師絵詞について」）。

それでも、前述の行基の場合と同様に、各地の寺院の縁起を探し求めると、板東三十三札所の第五番札所の飯泉観音（勝福寺・真言宗東寺派・神奈川県小田原市飯泉）の縁起がある。「板東三十三観音霊場記」には第五番札所として、

相州足柄下郡門前に相（さかは）水流あり。飯泉山勝福寺。本尊十一面観音は、赤栴檀の御衣木を以て、毘首羯磨の作る所なり。三国伝来の尊像にして、当地安置の願主は、太政大臣弓削道鏡法師なり。又本尊日本へ渡たるは、唐の楊州大明寺の鑑真和尚、天平勝宝六甲午の正月、始て我日本え来朝して孝謙天皇え献上せり。仏経仏像等将来せし、是その中の随一なり。天皇特に此尊像を叡信あり。王城に安置して、天下安全万民豊楽を祈り玉ふ。此の故に再帝位に即、称徳天皇と号し奉る。天皇崩御の後、道鏡下野国え謫せらる。時に在世の天恩を報ぜん為、天皇より賜る尊像を守り奉り、普く世間に結縁して、皆共成仏の功徳を以て、御菩提の資糧に充まく欲し、杳々東海の駅路を経て、有縁の霊地を尋ける。爰に当国足柄郡千代の里に至り笈仏遞に重くなり、押居らるる如にして、一歩も進ことを得ず。道鏡怪み思ふには、尊像有縁の地にもやと。心の内に祈請して、南無大悲観世音、此の地に因縁ましまさば、我等衆生の疑念を哀み、希有の示現を垂玉へと。至誠に念じ奉るに、錠を鎖せし笈なる尊像、竝木の梢に飛移り、光明を放て立せ玉ふ。道鏡直に霊応に預り、求道の信心倍深く、作礼持念丹精を抽たり。此事誰告るともなく、聞うけにその村の老若集り、手手に木の竹のと持寄て、頻りに草堂を締で、件の尊像を安置し奉る。これ当山の濫觴なり。千代村は今の堂地より半里余西なり。予戌の夏巡礼の時、其の村の長を尋て、旧跡の実事を知る。爾しより数十の星霜を経て、人皇五十三代淳和帝の天長七年庚戌の春、本尊の霊告に依て、今の所え

御堂の転地ありとぞ。

とあり、勝福寺の本尊にかかわる縁起を所載している。平城京からはるか遠くの下野国へ流刑の道中の逸話でもある。称徳天皇の遺品の観音像を背に負い東国の入り口ともいえる足柄峠を越えて、一息入れた千代の里に安置したのが勝福寺飯泉観音のはじまりであるというのである。十一面観世音は鑑真が日本にもたらし、称徳天皇が常日頃に礼拝していたという由緒を伝えている。

この仏堂が、後年、飯泉の地(小田原市飯泉)に移転したのが、現在の飯泉観音勝福寺であるという。なお、千代の里に所在していた仏堂は、現在、千代廃寺(神奈川県小田原市千代)として発掘、保存されている。

飯泉観音をめぐる道鏡と称徳天皇の関係は、念持仏としていたのであろう観音像を拝領したことだけを記述しており、竹林寺の縁起にうかがえる行基と聖武天皇との関係と比較すると簡略化されているような印象を持つ。むしろ、天皇との関係を象徴する十一面観世音を当地に安置し、断ち切ろうと感じるのは推測にすぎるであろうか。

竹林寺と勝福寺飯泉観音縁起を単純に比較するのは、現実的ではないとの批判が生じることは承知している。だが、行基と道鏡の行実なり存在感が、後世どのようにうけつがれたかの例証(記憶)の一例とすることはできると思う。

これも憶測に過ぎないが、道鏡をめぐる記憶で言えば、称徳天皇とともに西大寺の建立に全力を傾注したにもかかわらず、西大寺の復興に寄与した叡尊・忍性の行実には、道鏡を一顧すらしていない。逆に忍性は行基の足跡を追慕していたように思う。ここにも、行基と道鏡をめぐる悲喜交々が存在していたように思えてならない。道鏡は、行基と異なり「在懐を以てした」からであろうか。天皇・貴族層との距離感を彷彿する「在懐」という語句そのものが、行基と道鏡の来し方行く末、去就の相違、ないしは行基を名僧・高僧とし、道鏡を悪僧とするという評価が相違する最大の要因であったと思いたい。このことで想起したいのは、繰り返すようであるが、下出積與氏の指摘(下出積與「奈良時代の政治と道徳」)である。下出氏は、「忠」という道徳的な指標をもって奈良時代の貴族・律令官僚と官僧の政治思想の特質を論じた、良弁に代表すべき奈良時代の官僧について、次のように指摘している。すなわち奈良時代の僧侶は歴史的な存在としては、一個の宗教人としてある前に、一つの官僚として存在していたわけである。つまり、仏教を通じて祭官として存していたわけである。彼らには仏教本来の教義である個人の救済、精神の解脱を説くことは、第一義ではなかったのである。僧侶はみな律令国家への忠誠をはげむことがもっとも肝要なことである。僧侶はみな律令国家の無限の繁栄を仏に祈ること、これが最大の任務であり、必要な義務とされたわけである。官府的(国家的)な仏教は、ここにいよいよ真価を発揮するし、宝祚の無窮の祈願に顕著な霊験のある僧侶が、もっとも偉大な宗教人として尊敬されると同時に、もっとも恐懼すべき高官と遇されるわけであると指摘している。

行基は、官僧でありながら、下出氏のいう民間仏教の世界に与して、養老年間にはともすると恐懼の対象であるかのごとく指弾の矢面に立たされ、「小僧」と揶揄された。しかし、その後の行基は、異端的とも解される民間仏教の徒を発願主の聖武天皇のもとで大仏造立のために結成された知識結をリードする頭首として参画することとなった。知識結の活動の先頭に立って人々の信仰的な力を結集したことをもって、官僧中の官僧として、天平十七年(七四五)正月には大僧正の栄誉によくすることとなった。

行基は、民間仏教のエネルギーを結集して、単に大仏造立という国家的な事業を完成させただけではなかった。民間のエネルギーを、大仏を完成させることによって、宝祚の無窮の祈願への成就という目的の達成に向けて結集させてしまったということである。その意味では、行基の行実をめぐる『続紀』の記述は、単に律令国家のもとでのあるべき官僧像の提示にとどまらず、下出氏のいう、忠なる官僧として造形されていった典型例といえよう。こうした原点的な行実があったが故に、行基の行実は、奈良時代以降も、官僧の典型、さらには、忠なる僧の典型として語りつがれ、果ては江戸時代に至るまで、その存在感は変わることなく、はたまた伝承化という形式をとるにせよ再生し続けていたと考えたい。

さらに、両者の後世の人々の評価の一端は、墓所のあり方の相違にも現れている。行基の墓所(図8)は奈良県生駒市有里町に所在する竹林寺の境内にあり、大正十年(一九二四)三月に史蹟天然記念物保存法によって史蹟となっている。

図8　行基墓所
(奈良県生駒市竹林寺境内)

一方の道鏡の墓所(図9)は、栃木県下野市薬師寺の龍興寺境内に所在する。墓所は、道鏡を守る会が一九九四年に整備した。道鏡の墓所は国史蹟にすら指定されていない。両者の墓所のあり方の相違は何を物語るのであろうか。

墓所のみならず行基の場合は、遺徳を偲び顕彰する目的から造立された記念碑が、近畿地方を中心に数多く点在している。それらは、行基一千年忌及び一千百年忌にあたる時節に、行基を慕う人々によって、主に大阪府や奈良県のいくつかの共同墓地に二九基ほど設置されている(表6)。もちろん道鏡には、こうした供養塔は存在しない。

さらには、供養塔のみならず、東大寺をはじめ全国各地の寺々には、管見の限りではあるが、四四体の行基像が所蔵されている(表7)。行基にかかわる伝承の広がりを物語るといえよう。そして、海を渡りアメリカ合衆国ミネソタ州のミネアポリス美術館にも所蔵されている(図10)。ただ、管見の限りではあるものの、行基像の様相には、いくつかのパターンがあるが、その要因の解明については、今後の課題としたい。

対して、道鏡像は近年、造像され、西大寺四王堂の本尊の背面に安置された。道鏡像と江戸時代以来の行基像が観音像の両脇を

図９　道鏡墓所（栃木県下野市龍興寺境内）

図10　行基像（ミネアポリス美術館蔵）

固めていたのを拝観した。およそ一二〇〇年後の再会ということである。天平時代において、二人が接近遭遇した様を彷彿とすることができたような一時を過ごした。それでも、学問的ではないが、伝承という語句を記憶という語句に置き換えると、なおさら、行基と道鏡の場合は大きな相違が存在しているように思える。

表6　行基供養塔一覧

番号	所　在　地	年　　月	備　　考
1	岐阜県海津市南濃町上野河戸	昭和庚寅(25)年10月	行基入定塚
2	大阪府大阪市大淀区長柄	弘化2年	
3	大阪府大阪市東住吉区矢田		
4	大阪府東大阪市岩田	平成元年再建	行基石像ｱﾘ
5	大阪府東大阪市長瀬		行基墓所
6	大阪府八尾市相生町		植松墓所
7	大阪府堺市美原区美原町	(延享元年) 2月	平成2年略縁起石碑建立
8	大阪府岸和田市久米田(久米田寺)		行基墓所
9	京都府木津川市上狛	宝暦13年12月	
10	京都府京丹後市網野町(明光寺)	大宝2年	五輪塔
11	滋賀県東近江市愛東町(大覚寺)		宝篋印塔※
12	奈良県奈良市大安寺町	延享(元年)	行基石像(？)
13	奈良県奈良市五条	宝暦5年乙亥2月2日	唐招提寺奥院墓所
14	奈良県大和郡山市長安寺	(延享元年)	
15	奈良県天理市中山	明和2年11月	天理市史
16	奈良県天理市柳本	文化元年2月	
17	奈良県天理市勾田町		天理市史
18	奈良県葛城市當麻	弘化2年	2基：文殊・行基・志阿弥
19	奈良県北葛城郡広陵町		広陵町史
20	奈良県葛城市新庄(極楽寺)	延享5年2月・弘化4年2月	＊
21	奈良県御所市(極楽寺)	弘化4年2月	
22	奈良県生駒郡平群町(金勝寺)		平群町史
23	奈県生駒市有里町(竹林寺)		行基墓所
24	奈県生駒郡斑鳩町三井	弘化4年	＋
25	兵県伊丹市昆陽町		五輪塔
26	兵県明石市江井ヶ島	(昭和15年)	
27	和歌山県伊都郡高野町高野山	延享5年2月	
28	長崎県雲仙市小浜町		
29	福島県耶麻郡磐梯町源橋	文久2年3月	磐梯町史

※能登川青年会議所編『近江の隠れ佛－えち三十三佛巡禮－』(平成元年4月)
＊白石太一郎『近畿地方における中・近世墓地の基礎的研究』(平成9年度～平成12年度科学研究費補助金(基盤研究(A) (2)研究成果報告書、平成13年)
＋元興寺文化財研究所編『中世葬送墓制の研究調査概報』(昭和59年度、元興寺文化財研究所、昭和60年)による。

表7　行基像所在一覧

	所　在　地	形式	宗　派	備　考
1	岐阜県海津市南濃町上野河戸(行基寺)	坐？	浄土宗	
2	奈良県奈良市西の京(唐招提寺)	坐	律宗	
3	奈良県奈良市西大寺(西大寺)	坐	真言律宗	四王堂・菅原寺旧蔵
4	奈良県奈良市東大寺(東大寺)	坐	華厳宗	
5	奈良県奈良市西紀寺町(璉珹寺)	坐	浄土真宗	
6	奈良県奈良市西ノ京町(薬師寺)	坐	法相宗	東院堂
7	奈良県奈良市菅原町(喜光寺)	坐	法相宗	平成10年
8	奈良県奈良市中町(霊山寺)	坐	霊山寺真言宗	
9	奈良県橿原市葛本(安楽寺)	坐	浄土宗	
10	奈良県桜井市粟殿	坐		
11	奈良県御所市大字高天(般若院)	坐	高野山真言宗	
12	大阪府岸和田市久米田(久米田寺)	坐	高野山真言宗	
13	大阪府岸和田市(西方寺)	坐		報告書1
14	大阪府堺市南区(華林寺)	坐		
15	大阪府堺市南区茶山台(高倉寺)	坐		報告書2
16	大阪府堺市西区(家原寺)	坐	高野山真言宗	
17	大阪府貝塚市水間(水間寺)	坐	天台宗	
18	大阪府貝塚市橋本(妙楽寺)	坐		報告書1
19	大阪府泉佐野市長滝(極楽寺)	坐		報告書1
20	京都府木津川市美浪南(西光寺)	坐	天台真盛宗	加茂町史
21	京都府京丹後市久美浜町(本願寺)	立	浄土宗	
22	京都府亀岡市千歳町(丹波国分寺)	坐	浄土宗	亀岡市史
23	滋賀県長浜市木之本町古橋(己高閣)	坐		旧鶏足寺
24	滋賀県愛知郡愛荘町(金剛輪寺)	立	天台宗	
25	滋賀県彦根市肥田(長楽寺)	坐	臨済宗大徳寺派	近江愛知郡誌
26	兵庫県伊丹市昆陽(昆陽寺)	坐	高野山真言宗	
27	兵庫県明石市江井ヶ崎(長楽寺)	立	天台宗	
28	兵庫県尼崎市猪名寺(猪名寺)	坐	真言宗御室派	開基法道・中興
29	兵庫県神戸市北区有馬町(温泉寺)	坐	黄檗宗	有馬郡誌
30	兵庫県加古川市加古川町(鶴林寺)	坐	天台宗	
31	兵庫県姫路市白国(随願寺)	坐	天台宗	観応2年
32	兵庫県養父市八鹿町浅間(浅間寺)	坐	高野山真言宗	報告書3・行基開山
33	和歌山県橋本市隅田町(護国寺)	坐	真言律宗	報告書1
34	山口県防府市国分(周防国分寺)	坐	高野山真言宗	
35	富山県高岡市伏木一宮(国分寺)	坐	高野山真言宗	
36	石川県加賀市山中温泉(医王寺)	坐	高野山真言宗	
37	神奈川県高座郡寒川町一宮(景観寺)	坐	天台宗	
38	神奈川県逗子市沼間(神武寺)	坐	天台宗	
39	栃木県足利市大岩町名聞道(最勝寺)	坐	真言宗豊山派	
40	高知県高知市五台山(竹林寺)	坐	真言宗智山派	船岡堂・八十八札所31番
41	高知県南国市国分(国分寺)	坐	真言宗智山派	行基堂・八十八札所29番
42	長崎県雲仙市小浜町(満明寺)	坐	真言宗御室派	
43	長崎県諫早市高来町 法川(和銅寺)	坐	曹洞宗	長崎県郷土誌
44	ミネアポリス美術館 (アメリカ合衆国ミネソタ州)	坐		

報告書1: 元興寺文化財研究所編『中世民衆寺院研究調査報告書』1・2(平成1～2年)
報告書2: 元興寺文化財研究所編『中世葬送墓制の研究調査概報』(昭和59年度、元興寺文化財研究所、昭和60年)
報告書3: 石井里佳・高橋平明「兵庫県養父郡八鹿町須留岐山浅間寺所蔵伝行基菩薩像および日光・月光菩薩立像について」(『元興寺文化財研究所研究報告』2001、2002年3月)

おわりに

行基と道鏡の評価を善と悪という二項対立で行ってきたが、現代社会で一般化している内部評価と外部評価という項目をもって検討するといかがであろうか。行基は、「在懐を以てせず」としているように自らを評価するという内省的な記述は見えない。ただ、『霊異記』中―二の記述ではあるが、弟子信厳の死に対して

烏といふ大をそ鳥の言をのみ共にといひて先だち去ぬる

という和歌をもって、景戒は行基の心の内を明らかにしている。若くして死した弟子に自らの無力さを嘆くという記述をもって、行基の内省的な一面を表現している。外部評価については、大僧正の就任を多とすることができようか。

行基は、奈良仏教者が神仏交渉を在地での布教の一手段として指向し、ひいては習合的な世界観を大仏造立の進捗を促すために天皇と藤原氏に提示し、古代天皇制の神祇信仰一辺倒の構成原理の変改を促進させた。それを、聖武天皇、さらには孝謙(称徳)天皇も理想として受け止めたと思う。しかし、このメカニズムは、道鏡の台頭により、変質しつつも継続されたが、その失脚によって大きく後退し藤原氏を主体とする神祇信仰を基軸として、仏教が補佐の役割を果たすというメカニズムに戻ることとなった。

それでも行基が提示した神仏関係のモデルは、神仏習合、本地垂迹説として、精神史的・宗教史的な通奏低音として明治政府による神本仏従的な宗教政策を象徴する明治初年の神仏分離政策の断行の時代まで生き続けた。

神仏分離によって神仏関係は大きく変化をとげた。かつての宗教運動のモデルやメカニズムを構築した象徴としての行基の存在は、仏教教団の近代化、宗派性の顕在化による個別分散化の傾向のたかまりによって、歴史の彼方に追いやられた。そして、人々の記憶からも消え失せることとなったように思う。

こうして忘れられていた行基であるが、一九八九年の一二五〇年忌を機に東大寺大仏殿での法要や大阪府堺市立博物館での特別展の開催、さらには新聞紙上では、「ＰＦＩ（民間資金等活用事業）のイメージキャラクターの原型」として論説されるようになった。ついで二〇一八年にいたっては、一三〇〇年忌をめぐる行事やシンポジウムなどの関連イベントが開催されたという。いわゆる行基像の現代社会での再生は、今後はいかがであろうか。

道鏡については、内部評価的な記述はない。周知のように悪しき僧としての行実が、『続紀』などの勅撰の史書で詳細に記述されるという外部評価に終始している。

ところで、善と悪の判断は、時代の流れの中にあってめまぐるしい法律や社会規範の変化、さらには政治的な環境の変動によって変化し、逆転することが多いことは承知している。それらの判断の中には、既存のモノサシでは判断し得ない事象が起こっているように思う。本来、悪とすべきことが、いつの間にか平然と世の中を闊歩し、本来、善とすべきことが、いつの間にか世間の人々からフクロダタキの憂き目にあってしまうことがしばしば見受けられる。

私自身が既成化（老化）しているためか、こうした現象にあらがい対応する術がない。せめてこうした風潮なり傾向なりには、孤立を恐れることなく、背を向け距離を置き、多様な判断が存在することの重要性を示すことができたならば、ヨシとしたい。

それでも、以上の諸々の見解の見直しを、行基と道鏡を素材として論じることによって善と悪と断ずる論議に参画できるであろうと目論んでまとめたのが本書である。さらには、奈良仏教史を再検討する糸口を得て、存外身近であった奈良仏教への理解の進展や日本列島に住まう人々の宗教観を再検討する契機も見いだしたかった。だが、これこそが、これまでの既成概念を単純にくつがえし、事の是々非々をたやすく変動するということで単に歴史の読み替えをもってする新国学的と揶揄される私の妄言の故とすべきであろうか。

実は古典的な見通しあるが、行基を善僧とし、道鏡を悪僧とする評価は日本人の心に染みついていることがらの一つでもある。ともすると先入観(パラダイム)ともいえるのが、桓武天皇は遷都にあたって奈良の寺々を移転することを許さず、古代国家と仏教界との関係も一新させ、その結果、「平安新仏教」と称される天台・真言の両宗が成立する、という見解である。さらには、桓武天皇は、平城京から長岡京へ、さらに平安京へと遷都を行い、古代国家の一新をはかったという見解が存在している。こうした見解は古びたものであるが、奈良末から平安初期にかけての「皇統」の変化や天皇制をめぐる論議、奈良仏教＝律令的国家仏教という論議と関わりながら、未だにここかしこに生き続けていると思う。実は、私も、未だにこうした「流れ」の中に身を置いている。

行基と道鏡をめぐる残影の背後に存在する時間軸が、古代から現代という広い時代を対象とすることが求められることが多い。古代史の一部しか知らない私には、これを全て視野に入れて解明する智慧はない。

前著『行基伝承を歩く』で、各地に残存する縁起など(伝承)を紹介し、その時代幅の大きさに言及するのみで、それ以上は遅々として進捗していないことを白状したい。加えて、北関東を中心に展開しているという道鏡に関する伝承地については、全く実踏すらできていない。実踏を実現することによって、本書で提起した行基と道鏡をめぐる善悪の評価の逆転が、より一層具体性を帯びてくるとの仮説を繰り返すのみである。現状では、伝承という記憶の面でも、行基と道鏡を比較すると量的にも質的にも行基が勝っているのは、何故であろうかという指摘にとどめたい。

私は、とかく歴史家ならざる行為として、無批判にいわゆる伝承群をもって既存の文献資料と同様の史料的価値を有するものとして史料操作の対象にしているとのご批判を頂くことが多い。歴史学の基本操作が身についていないとのご批判であることは承知している。それでも、私は、伝承の数々を紹介することによって、行基をめぐる地域の人々の記憶の消滅を防ぐことにつとめたのである。これには、ご批判があるように、歴史学の所業にみあうものではない。しかし、歴史学の使命は、伝承を含めて人々の生活・文化に関わる記憶を、後世の人々に正しく伝え複眼的な解釈を促すことであると思う。

伝承をめぐる研究は、相当量の物心両面のエネルギーを必要とする。多くの時間を要する実踏がともなういわゆる「足偏」の歴史学の実践である。一方、史資料の読解を旨とする「糸偏」の歴史学的な文献資料の博捜も必須である。二つの「偏」はともにあるのが理想とされている。ことに、伝承をめぐる研究については「足偏」の歴史学の目標値として設定し、今後も継続したい。

加えて、すでに常識かもしれないが、収集した史資料の分析には歴史学のみでは不可能である。文学研究・美術史研究、さらには民俗学・仏教学・宗教学といった周辺諸科学との共生が必要である。近年では、多少、かび臭くなってしまった学際研究(ハイブリット、コラボレーション)である。行基と道鏡をめぐる研究も例外ではなく、歴史学のみならず周辺諸科学を動員する必要がある。十分な作業を行えたかは未だの感がある。現代に至るまでパラダイムのひとつとして存在する行基を善僧・高僧として、道鏡を悪僧とする記憶の改変に本書が先駆けと位置づけて頂ければ幸甚である。

史料引用・主要参考文献一覧

Ⅰ　史料引用

『続日本紀』『日本後紀』『日本紀略』及び「律」「令」の引用は、新訂増補国史大系によったが、新日古典文学大系、日本思想大系などを参照して訓読した。「行基年譜」は、『続々群書類従』により、適宜、訓読した。『日本霊異記』『古事談』『懐風藻』『宇治拾遺物語』『風土記』については、日本古典文学大系および新日本古典文学大系、新編日本古典文学全集などを参照し引用した。

「金光明最勝王経」「律」「梵網経」「瑜伽師地論」「大般涅槃経」の引用と訓読は、「大正新脩大蔵経」「国訳大蔵経」「国訳一切経」、及び佐藤密雄『律蔵』(仏典講座四、大蔵出版、一九七二年)、壬生台舜『金光明経』(仏典講座一三、大蔵出版、一九八七年)、石田瑞麿『梵網経』(仏典講座一四、大蔵出版、一九七一年)によった。「唐代和上東征伝」の引用は、『寧楽遺文』及び石田瑞麿『鑑真』(大蔵出版、一九七三年)によった。

その他の『荘子』「私教類聚」「七大寺年表」「土佐国五台山金色教院竹林寺略縁起」「坂東三十三観音霊場記・第五番」「道鏡法師絵詞」については、「大正新脩大蔵経」「国訳大蔵経」、及び「大日本仏教全書」「国文東方仏教叢書」「日本思想体系」「岩波文庫」「群書類従」、国立公文書館デジタルアーカイブを参照し、読み下し文を掲載した。「行基大僧正墓誌」(「舎利瓶記」)の引用と訓読については、『日本古代の墓誌銘』(奈良国立文化財研究所飛鳥資料館編、一九七八年)を参照した。なお、ふりがなの表記は、現代仮名づかいで表記した。表記することのできない旧字・異体字については、新字・現行の活字体、さらにはひらがなで表記した。

Ⅱ　主要参考文献

1　書　籍

朝枝善照『平安初期佛教史研究』（永田文昌堂、一九八〇年）
荒木敏夫『可能性としての女帝』（青木書店、一九九九年）
家永三郎『日本道徳思想史』（岩波書店、一九五四年）
家永三郎『上代佛教思想史研究』（法蔵館、一九六六年）
石田瑞麿『民衆経典』（仏教経典選一二、筑摩書房、一九八六年）
石田瑞麿『女犯』（筑摩書房、一九九二年）
石田茂作『写経よりみたる奈良朝仏教の研究』（東洋文庫、一九三〇年・東洋書林、一九八二年復刊）
石母田正『日本古代国家論』第一部（岩波書店、一九七三年）
出雲路修校注『日本霊異記』（新日本古典文学大系三〇、岩波書店、一九九六年）
泉森　皎『行基と歩く歴史の道』（法蔵館、二〇一八年）
伊藤由希子『仏と天皇と「日本国」』（ペリカン社、二〇一三年）
稲葉　博『かながわの寺と社その成立と縁起』（かもめ文庫・神奈川合同出版、一九八四年）
井上　薫『行基』（吉川弘文館、一九五九年）
井上　薫『日本古代の政治と宗教』（吉川弘文館、一九六一年）
井上　薫『奈良朝仏教史の研究』（吉川弘文館、一九六六年）
井上薫編『行基事典』（国書刊行会、一九九七年）
入部正純『日本霊異記の思想』（法蔵館、一九八八年）
内山純子『東国における仏教諸宗派の展開』（そしえて、一九八六年）
内山純子『古代東国の仏教—法相宗徳一の教化を中心に—』（青史出版、二〇一九年）
大阪狭山市教育委員会教育部市史編さん担当編『行基資料集』（大阪狭山市役所、二〇一六年）

大阪府立狭山池博物館編『行基の構築と救済』（大阪府立狭山池博物館、二〇〇三年）
大山誠一『天孫降臨の夢』（NHK出版、二〇〇九年）
大山誠一『神話と天皇』（平凡社、二〇一七年）
尾田栄章『行基と長屋王の時代』（現代企画、二〇一七年）
勝浦令子『孝謙・称徳天皇』（ミネルヴァ書房、二〇一四年）
金谷治訳注『荘子』第二冊（岩波文庫、一九七五年）
岸　俊男『日本古代政治史研究』（塙書房、一九六六年）
岸　俊男『藤原仲麻呂』（吉川弘文館、一九六九年）
北山茂夫『女帝と道鏡』（中央公論社、一九六九年）
氣賀澤保規『則天武后』（白帝社、一九九五年）
小峰和明・篠川賢編『日本霊異記を読む』（吉川弘文館、二〇〇四年）
近藤有宜『西大寺の創建と称徳天皇』（勉誠出版、二〇二三年）
西郷信綱『古代人と夢』（平凡社、一九七二年）
堺市博物館編『没一二五〇年記念特別展　行基―生涯・事跡と菩薩信仰―』（堺市博物館、一九九八年）
栄原永遠男編『平城京の落日』（古代の人物3、清文堂、二〇〇五年）
鷺森浩幸『藤原仲麻呂と道鏡』（吉川弘文館、二〇二〇年）
佐久間竜『日本古代僧伝の研究』（吉川弘文館、一九八三年）
志田諄一『日本霊異記とその社会』（雄山閣、一九七五年）
下出積與『日本古代の仏教と神祇』（吉川弘文館、一九九七年）
鈴木棠三『説話民謡考』（三一書房、一九八七年）
千田　稔『天平の僧行基』（中央公論社、一九九四年）
曽根正人『道慈』（吉川弘文館、二〇二一年）

曽根正人編『神々と奈良仏教』（論集奈良仏教第四巻、雄山閣、一九九五年）
高取正男『神道の成立』（平凡社、一九七九年）
高取正男『民間信仰史の研究』（法蔵館、一九八二年）
高見　茂『吉備真備』（山陽新聞社、一九九七年）
高橋富雄『徳一と最澄』（中央公論、一九九〇年）
瀧浪貞子『最後の女帝』（吉川弘文館、一九九八年）
瀧浪貞子『奈良朝の政変と道鏡』（吉川弘文館、二〇一三年）
瀧浪貞子『光明皇后』（中央公論、二〇一七年）
瀧浪貞子『聖武天皇』（法蔵館、二〇二二年）
武田比呂男『仏法と怪異―日本霊異記の世界』（法蔵館、二〇二三年）
田中貴子『〈悪女〉論』（紀伊國屋書店、一九九二年）
角田文衞『佐伯今毛人』（吉川弘文館、一九六三年）
寺崎保広『長屋王』（吉川弘文館、一九九九年）
中川　収『奈良朝政治史の研究』（高科書店、一九九一年）
中西康裕『続日本紀と奈良朝の政変』（吉川弘文館、二〇〇二年）
中野玄三『悔過の芸術』（法蔵館、一九八二年）
中村恭子『霊異の世界「日本霊異記」』（筑摩書房、一九六七年）
中村順昭『橘諸兄』（吉川弘文館、二〇一九年）
奈良国立博物館編『古密教―日本密教の胎動―』（奈良国立博物館、二〇〇五年）
奈良国立博物館編『神仏習合：特別展かみとほとけが織りなす信仰と美』（奈良国立博物館、二〇〇七年）
奈良国立博物館編『奈良時代の仏教美術と東アジアの文化交流』（第二分冊・奈良国立博物館、二〇一一年）
奈良国立博物館編『鎌倉時代の唐招提寺と戒律復興』（奈良国立博物館、二〇一九年）

西田正好『神と仏の対話―神仏習合の精神史―』(工作舎、一九八〇年)
西本昌弘『早良親王』(吉川弘文館、二〇一九年)
根本誠二『行基伝承を歩く』(岩田書院、二〇〇五年)
根本誠二『奈良仏教と密教』(高志書院、二〇一一年)
根本誠二『天平期の僧と仏』(岩田書院、二〇一五年)
長谷部将司『日本古代の地方出身氏族』(岩田書院、二〇〇四年)
長谷部将司『日本古代の記憶と典籍』(八木書店、二〇二〇年)
速水侑『弥勒信仰』(評論社、一九七一年)
速水侑編『民衆の導者行基』(吉川弘文館、二〇〇四年)
原田敏明『古代日本の信仰と社会』(彰考書院、一九四八年)
原田敏明『日本宗教交渉史論』(中央公論社、一九四九年)
原田敏明『日本古代宗教』(中央公論社、一九七〇年)
平野邦雄『和気清麻呂』(吉川弘文館、一九六四年)
富貴原章信『日本唯識思想史』(大雅堂、一九四四年)
福山敏男『奈良朝寺院の研究』(綜芸舎、一九七八年)
二葉憲香『古代佛教思想史研究』(永田文昌堂、一九六二年)
ベルナール・フランク『「お札」にみる日本仏教』(仏蘭久淳子訳・藤原書店、二〇〇六年)
堀池春峰『南都仏教史の研究』上・下・遺芳編(法蔵館、一九八〇・二〇〇四年)
堀池春峰編『霊山寺と菩提僧正記念論文集』(霊山寺、一九八八年)
本郷真紹『律令国家仏教の研究』(法蔵館、二〇〇五年)
壬生台舜『金光明経』(仏典講座一三、大蔵出版、一九八七年)
三浦佑之『日本霊異記の世界』(角川書店、二〇一〇年)

宮城洋一郎『日本仏教救済事業史研究』（永田文昌堂、一九九三年）
宮城洋一郎『日本古代仏教の福祉思想と実践』（岩田書院、二〇一八年）
宮田俊彦『吉備真備』（吉川弘文館、一九六一年）
守屋俊彦『日本霊異記論』（和泉書院、一九八五年）
八重樫直比古『古代の仏教と天皇：日本霊異記』（翰林書房、一九九四年）
山口敦史編『聖典と注釈』（古代文学会叢書Ⅳ・武蔵野書院、二〇一一年）
湯浅泰雄『日本古代の精神世界』（名著刊行会、一九九〇年）
由木義文『東国の仏教』（山喜房仏書林、一九八三年）
横田健一『道鏡』（吉川弘文館、一九五九年）
横田健一『日本古代の精神』（講談社、一九六九年）
吉田　孝『律令国家と古代の社会』（岩波書店、一九八三年）
吉田靖雄『行基と律令国家』（吉川弘文館、一九八七年）
吉田靖雄『行基』（ミネルヴァ書房、二〇一三年）

2 論　文

安倍嘉一「唐招提寺蔵『大僧正記』について」（『文化史学』三八、一九八二年）
阿部龍一「奈良期の密教の再検討」（『奈良仏教と在地社会』二〇〇四年）
飯島太千雄「今、玄昉」（『日本歴史』五七二、一九九六年一月）
飯沼賢司「奈良時代の政治と八幡神」（『西海と南島の生活・文化』古代王権と交流八、一九九五年）
飯沼賢司「女性史から見た「道鏡事件」」（『ジェンダーと女性』早稲田大学出版部、一九九七年）
飯沼賢司「八幡大菩薩の登場の歴史的背景」（『史学論叢』二七、別府大学、一九九七年三月）
飯沼千鶴子「蟹満寺縁起〈中一二〉」（『日本霊異記』・古代の文学四、一九七七年）

家永三郎「日本仏教の政治性」（『理想』四一〇、一九六七年七月）
池辺　実「『日本霊異記』中巻の第一三縁吉祥天説話について」（『文学研究』四七、一九七八年七月）
石井公成「感応する天―『日本霊異記』の重層信仰―」（『駒澤短期大學研究紀要』二七、一九九九年）
石井公成「『日本霊異記』における『涅槃経』の意義」（『駒澤短期大學佛教論集』五、一九九九年）
石井公成「行為としての信と夢見」（『駒澤大學佛教文学研究』五、二〇〇二年）
石崎達二「奈良朝に於ける五台山信仰を論じ東大寺大佛造顕思想の一端に及ぶ」一・二（『史学雑誌』四一―一〇・一一、一九三〇年十・十一月）
石村喜栄「行基の弟子列伝と一・二の問題」（『高僧伝の研究』一九七三年）
井上正一「『霊異記に描かれた動物像―特に牛と蛇の立場で―」（『日本古代史論苑』一九八三年）
今井宇三郎校注「乞骸骨表（吉備真備）」（『古代政治社会思想』・日本思想大系八、一九七九年）
魚尾孝久「吉祥天信仰と吉祥天説話―霊異記中巻第十三・十四話を中心として―」（『国文学試論』五、一九七八年十二月）
牛山佳幸「道鏡政権下の僧綱制について」（『日本仏教史』二奈良時代、一九八六年）
蝦名　翠「『日本霊異記』における「慚愧」」（『国文学解釈と観賞』七二―八、二〇〇七年）
遠藤啓太「高山寺蔵『宿曜占文抄』の伝記史料」（『皇學館大学史料編纂所報』二一八、二〇〇八年）
追塩千尋「徳一伝説の意義」（『東北仏教の世界―社会的機能と複合的性格―』二〇〇五年）
奥村秀雄「国宝東大寺金堂鎮壇具について―出土地点と、それによる埋納時期の考察―」（『MUSEUM』二九八、一九七六年一月）
勝浦令子「称徳天皇の「仏教と王権」―八世紀の「法王」観と聖徳太子信仰の特質―」（『史学雑誌』一〇六―四、一九九七年四月）
加藤誠夫「千代観音と弓削道鏡開闢の勝福寺」（『郷土神奈川』二―一二、一九四三年十二月）
加藤　優「東大寺鎮考―良弁と道鏡の関係をめぐって―」（『国史談話会雑誌』二三、一九八二年二月）
神尾登喜子「祟る神―夜刀の神から三輪の神―」（『人文科学』一一・同志社大学、一九九一年）
河上麻由子「聖武・孝謙・称徳朝における仏教の政治的意義―鑑真の招請と天皇への授戒からみた―」（『九州史学』一五五、二〇一〇年）

川崎庸之「玄賓僧都のこと」(『日本仏教史学』二―一、一九四二年)
岸　俊男「良弁伝の一齣」(『南都仏教』四三・四四、一九八〇年)
岸　俊男「天皇と出家」(『日本の古代第七巻まつりごとの展開』一九八六年)
岸田知子「則天武后と三教」(『待兼山論叢』八・哲学編、一九七五年)
霧林宏道「『日本霊異記』における行基説話の一考察―女性教化説話の視点から―」(『國學院雑誌』一〇二、二〇〇一年十二月)
日下無倫「行基菩薩門弟考」(一)・(二)(『無尽燈』二二―九・一〇、一九一七年九・十月)
小島憲之「漢語あそび―『懐風藻』仏家伝をめぐって―」(『文学』五七―一、一九八九年一月)
小島真由美「「烏といふ大をそ鳥の」―『日本霊異記』中巻第二縁考―」(『仏教と説話』一九九六年)
栄原永遠男「行基と三世一身法」(『国史論集』、一九七二年)
栄原永遠男「称徳・道鏡政権の政権構想」(『追手門経済論集』二七、一九九二年)
下出積與「奈良時代の政治と道徳」(『国民生活史研究』第五集、一九六二年)
曽根正人「平安初期南都仏教と護国体制―延暦二十五年新年分度者制の意義―」(『奈良平安時代論集』一九八四年)
高瀬承嚴「道鏡法師絵詞について」(『国文學踏査』一、一九三一年十二月)
高田　淳「早良親王と長岡遷都―遷都事情の再検討―」(『日本古代の政治と制度』一九八五年)
瀧川政次郎「私教類聚の構成とその思想」(『史学雑誌』四一―六、一九三〇年六月)
瀧浪貞子「称徳女帝と道鏡―「神仏習合」の功罪―」(『日本宗教文化史研究』一七―二、二〇一三年)
竹内理三「上代に於ける知識について」(『史学雑誌』四二―九、一九三一年)
竹内理三「八世紀における大伴的と藤原的―大土地所有の進展をめぐって―」(『律令制と貴族政権』一九八五年)
武田比呂男「仏像の霊異―『日本霊異記』における〈交感〉の一面―」(『日本文学』五、一九九六年五月)
武田比呂男「僧の境位と現報の語り―『日本霊異記』のめざしたもの―」(『古代文学』四三、二〇〇四年三月)
竹村信治「吉祥天像に魅せられて優婆塞―『日本霊異記』から『今昔物語集』―」(『国文学解釈と鑑賞』六九―一二、二〇〇四年十二月)

多田一臣「夜刀神説話を読む」（『古代文学』二一、一九八二年）
多田一臣「弓削道鏡の艶笑―『日本霊異記』」（『国文学解釈と鑑賞』六九―一、二〇〇四年十二月）
多田一臣「古代の夢―『日本霊異記』を中心に―」（『文学』六―五、二〇〇五年九・十月）
田中貴子「〈悪女〉について―称徳天皇と「女人業障偈」―」（『叙説』一七、一九九〇年一月）
谷本　啓「道鏡の太政大臣・太政大臣禅師・法王」（『ヒストリア』二一〇、二〇〇八年六月）
谷口耕生「奈良時代の悔過会と造像」（『古密教・日本密教の胎動』二〇〇五年）
田村圓澄「行基についての二、三の問題」（『続律令国家と貴族社会』一九七八年）
津田博幸「仏教と神話的思考―仏足石歌と日本霊異記をめぐって―」（『文学』九―一、二〇〇八年六月）
坪田昭子「弥勒としての武則天―『大雲経疏』の考察―」（『信大国語教育』五、一九九六年）
寺尾清美「天皇変成の物語り―称徳天皇第四一詔より―」（『古代文学』三五、一九九六年）
寺川真知夫「『霊異記』蟹報恩譚の考察」（『日本語日本文学』一、一九八九年）
寺川真知夫「仏像霊異譚の受容と変容」（『同志社国文』四一、一九九四年十一月）
中川　修「道慈における仏法と王法―その日本仏教史上の位置―」（『龍谷史壇』一一九・一二〇合併号、二〇〇三年三月）
中里隆憲「蟹満寺説話と南山城」（『日本霊異記の世界』一九八二年）
中條道昭「奈良朝仏教と華厳宗の出現―六宗と大仏造立を巡って―」（『中国の仏教と文化』一九九八年）
永田典子「吉祥天感応譚考―『日本霊異記』中巻第一三縁について―」（『上代文学』四五、一九八〇年）
中西　亨「称徳女帝と法師道鏡」（『史迹と美術』六六三、一九九七年三月）
名畑　崇「日本仏教における社会的実践」（『大谷大学研究年報』二三、一九七〇年）
名畑　崇「善珠について」（『大谷学報』五二―四、一九七三年）
名畑　崇「日本古代の戒律受容―善珠『本願薬師経鈔』をめぐって―」（『戒律思想の研究』一九八一年）
中村生雄「行基と古代天皇制」（『現代宗教』一、一九七九年）
奈良国立文化財研究所美術工芸研究室「西大寺彫刻調査概要」（『奈良国立文化財研究所年報』一九六四、一九六四年）

西谷地晴美「東大寺盧舎那仏と仏教的世界」（『日本史の方法』二〇〇六年、奈良女子大学）
根本誠二「道鏡と飯泉観音」（『風俗』三一―二、一九九二年十一月）
播磨光寿「吉祥天感応」（『日本霊異記』・古代の文学四、一九七七年）
原田行造「日本霊異記冒頭説話をめぐる諸問題―説話成立過程の考察と排列法の検討―」（『名古屋大学国語国文学』一二、一九六三年）
福富文哉「道鏡事件の政治史的考察」（『北陸史学』五、一九五六年）
藤本昌子「藤原仲麻呂と道鏡：写経事業をめぐって」（『学習院史学』一九七一年十一月）
北條勝貴「第一次行基集団に対する弾圧の意味―主に関係法令のぶんせきから―」（『紀尾井史学』一四、一九九四年）
北條勝貴「『日本霊異記』と行基―〈描かれた行基〉の意味と機能―」（『日本古代・中世史研究と資料』一九九七年五月）
堀　一郎「寧楽高僧伝」（『堀一郎著作集』第三巻、一九七八年）
堀　裕「盧舎那如来と法王道鏡―仏教からみた統治権の正当性―」（『東大寺の思想と文化』二〇一八年）
堀池春峰「華厳経講説よりみた良弁と審詳」（『南都仏教』三一、一九七三年）
堀池春峰「奈良における八幡信仰」（『薬師寺と唐招提寺』日本古寺美術全集第三巻、一九七九年）
本郷真紹「聖武天皇の生前退位と孝謙天皇の即位」（『日本史研究』六五七、二〇一七年一月）
前川明久「道鏡と吉祥天悔過」（『続日本紀研究』一五〇、一九七〇年四月）
前園実和雄「生馬竹林寺と行基の墓」（『考古学と生活文化』一九九二年）
松木裕美「長屋王の変と薬師寺」（『東京女学館大学紀要』八、二〇一一年）
松倉文比古「『日本霊異記』中巻第八について」（『龍谷史壇』九七、一九九一年六月）
松本信道「道慈の律師辞任とその背景」（『駒澤史学』七九、二〇一二年十一月）
松本信道「『懐風藻』釈道慈詩・序の再検討」（『駒澤大学仏教文学研究』一七、二〇一四年）
南出眞助「行基の軌跡―四十九院建立の道筋を追う―」（『アジア老いの文化史』一九九七年）
宮井善俊「行基ゆかりの河内七墓と現代の火葬場―大阪府東大阪市―」（『寺社と民衆』八、二〇一二年）

目加田さくを「吉備真備著 私教類聚考」(『香稚潟』七、一九六一年八月)
八重樫直比古「霊異記仏教の論理—行基から最澄へ—」(『文芸研究』八一、一九七六年)
八重樫直比古「『金光明最勝王経』と道鏡事件」(『伝統と革新』二〇〇四年)
藪　敏明「『日本霊異記』行基関連説話小考—水神零落譚試論—」(『説話文学研究』二七、一九九二年六月)
藪田嘉一郎「夜刀神」(『日本上古史研究』三—九、一九五九年九月)
山折哲雄「玄昉・道鏡・空海」(『新日本古典文学大系』月報一九、一九九〇年)
山口敦史「『日本霊異記』の〈女性〉観—説話の表現を如何に読むか—」(『日本文学』五二、二〇〇三年一月)
山口敦史「善珠『梵網経略抄』から見る「淫」と「呪術」の認識—唐・新羅作製『梵網経』注釈との関連—」(『古代文学』四五、二〇〇六年二月)
山口敦史「聖君問答と中国六朝論争…日本霊異記下巻第三九縁考」(『上代文学』六八、二〇〇六年三月)
山口敦史「善珠撰述『本願薬師経鈔』と引用典籍」(『聖典と注釈—仏典注釈からみる古代—』二〇一一年)
山田英雄「早良親王と東大寺」(『南都仏教』一二、一九六三年)
山根賢吉「蟹報恩譚の展開」(『国語と教育』二、一九六七年)
山部能宜「『梵網経』における好相行の研究—特に禅観経典との関連性に着目して—」(『北朝隋唐中国仏教思想史』二〇〇〇年)
山本幸男「早良親王と淡海三船—奈良末期の大安寺をめぐる人々—」(『弘法大師の思想とその展開』一九九九年)
山本幸男「孝謙太上天皇と道鏡—正倉院文書からみた政柄分担宣言期の仏事行為—」(『続日本紀研究』三五一、二〇〇四年十月)
吉澤　悟「行基墓誌断片を考える—東大寺二月堂本尊光背断片との比較から—」(『鹿園雑集』二一、二〇一九年)
吉田一彦「行基と古代法」(『史報』五、一九八三年)
吉田一彦「多度神宮寺と神仏習合—中国の神仏習合思想の受容をめぐって—」(『伊勢湾と古代の東海古代王権と交流四』一九九六年)
吉田靖雄「行基の思想基盤について」(『ヒストリア』九七、一九八二年十二月)
吉田靖雄「道鏡の学問について」(『日本における王権と封建』一九九七年)

吉田靖雄「行基における三階教および元暁との関係の考察」(『歴史研究』一九、一九八一年六月)
米田雄介「天平の時代の精神―支配者側の論理―」(『神女大史学』二一、二〇〇四年)
若井敏明「奈良時代の僧侶類型」(『続日本紀研究』三三五、二〇〇一年十二月)
渡辺恵子「『日本霊異記』における蛇説話について」(『常葉国文』二、一九七七年)
渡部亮一「『日本霊異記』の慚愧と熏習―中巻第十三縁を考える―」(『古代文学』四五、二〇〇六年三月)

あとがき

本書の素材の多くが、漢文体でありながら、私は、これを白文でもって通読をすることができず、ひたすら諸々の『漢和辞典』や「解説書」をたよりにした。そして、単に通読の糧のみならずそれらの記述から典拠・出典を探るのを常としてきた。先人達よりも、学ぶ力や史資料を探し読解する能力が劣るとされる世代(「団塊」世代が相当するのか)の一人である。さらには、〝読む〟分量も悠に少ないといわれて久しくなった原因とされているのがパソコンやスマホの使用頻度のたかまりである。事実、我が家の書棚の書々が、開かれることなく捨て置かれて次第にカビ臭くなっている。

また、今における「思う」ことをめぐるはかなさは、歴史学、いや文科という学問の世界では一段と目立ってきたように思う。これについては、私一人ではないと思うがいかがであろうか。日常生活に関わる出来事ですら、「思いをはせ」、さらには「なぜ?」と考える間もなく目の前を、ネット上に真偽未詳の多くの情報が通り過ぎてゆく昨今である。〝人の噂も……〟どころではなく、いつの間にかいろいろなことが忘却の彼方にというのが、昨今である。

ところで、歴史学は、ガラパゴス化していると言われているが、加えて周辺の考古学をはじめ文学・美術史学・宗教学など諸学問の分野に飲み込まれつつある。こうしたことを思い悩むだけの日々を過ごしたくはないが、私は、いつしか世間の空気になじんでしまっている。それでも視点をめぐっても、マクロ的ではなくミクロ的であって、少しでも理屈っぽくありたいと思う今日この頃である。

何よりも、「なぜ」をめぐるメカニズムだけは、「団塊」世代の一員として、他者やＩＴやＡＩ等に委ねたくない。いつまでも、デジタルではなくアナログに徹し、自らの体を動かし、糸偏（文献資料）と足偏（実踏、現地調査）にこだわり、語りを続けたいと思う。

本書でテーマとした行基と道鏡を対照して、これまでの両者の評価を変化、さらには逆転させようとの試みをはじめたのは、実は一九八一年刊行の永井路子氏の『氷輪』（中央公論社、一九八一年）に接し、道鏡と称徳天皇の通説的な関係に疑問を持ち始めたことによる。これを機として、永井氏が引用している文献を再読した。ついで、土屋文明氏の『旅人と憶良』（創元社、一九四二年）に接し、行実を対照することの可能性を知った。土屋氏は『万葉集』の大伴旅人と山上憶良の作を経とし、『続日本紀』、その他の記事を緯として二人の歌人の生涯を描いている。

しかし、このテーマは、しばらくの年月、書架やパソコンのメモリーの一隅にしまい込んでいたが、筑波大学や大正大学での「授業」、そして、淑徳大学主催の教養講座及びかわさき市民アカデミーでの講義などで接した多くの方々のご協力とご厚誼により、「調べ」を継続させていただいた。加えて、あせびの会に参集された方々のご厚誼も、大変、有難かった。晩節を迎え、老いの坂を下りはじめた私に、本書の執筆のための活力の源をご提供頂いたように思う。幸甚幸甚である。

そして、ストレートに、このテーマで発表の機会をいただいたのが、二〇一七年九月の「道鏡を守る会」での講演であった。本田義幾氏をはじめとする道鏡を守る会発行の会誌『道鏡を守る会』は、創刊早々から拝読させて頂き、多くの示唆を得てきた。いずれ機会を得て、独断的な「道鏡論」を開陳させて頂き、学恩やご厚誼に報いたいと考えていた。ひそかな試みを表に登場させる機会を頂いたわけである。

行基と道鏡の行実を対照することによって、誰が何をもって片や「善」僧とし、誰が片や「悪」僧と語り続けてきたのかを解きほぐす一助となれば、歓びとさせて頂きたい。善悪の判断は、誰がどのような基準で行ったのかということである。そして、人が人を善(悪)人とする、人が人によって善(悪)人とされる、人が善(悪)人となるという経過をしめしたかった。いわば、善悪の物差しは、人の政治的・宗教的な立場の相違や人と人の関係性によって多元的となるということを示唆したかった。ことに、これまで悪僧の代表格とされてきた道鏡につきまとっていたレッテルの色を少しでも薄くすることに寄与できたならば、尚々、歓びとさせて頂きたい。

とかく私の書いた物には、いつか読んだことがあるとのご批判を受けることがつねである。書いてしまったことを失念しているのであろう。これは、まさに老化現象である。先般、ある方から、「それでもまだ書くことがあるのですか」という鋭くも手痛い問いかけを頂いた。私は、生来、当意即妙の受け答えが苦手なので、その場での返答ができず失礼をしたことがある。

本書をなすにあたっては、これまでと同様に先学の方々の氏名を明記せず、不正確にご所見・ご研究を援用するなどの失礼をお詫びするとともに、数々の学恩に改めて心から御礼を申し上げたい。そして、生来の拙文・誤字・脱字に丹念におつき合い頂いた小林泰文氏、さらには永年月にわたり多々ご示教を頂いた種智院大学の宮城洋一郎・相愛大学の直林不退の両氏をはじめ、奈良国立博物館の吉澤 悟氏、ハーヴァード大学の阿部龍一氏、ボストン美術館のアン・ニシムラ・モース氏、アーモス大学のサムエル・C・モース氏に御礼を申し上げる次第である。

また、出版界が想像を絶する劣悪な環境にありながら、特段のご配慮と多々ご助力を賜り、本書の刊行を実現して頂いた高志書院の濱 久年氏には、心から御礼を申し上げたい。

末尾にて私事を申し上げる事をお許し頂きたい。妻淳子をはじめとする家族には、良き夫、良き父、良き祖父では全くなかったことをわびるとともに、遅々として進捗しない「業」を見守り続けてきたことに心から感謝の意を表したい。

二〇二三年六月六日

根本 誠二

【著者略歴】

根本 誠二（ねもと せいじ）

1949 年　東京に生まれる

1973 年　明治大学文学部卒業

1980 年　明治大学大学院文学研究科博士課程単位取得退学

1992 年　筑波大学助教授

1998 年　博士（文学・筑波大学）

2009 年 4 月～ 6 月　ハーヴァード大学イェンチン研究所
　招聘研究員

2015 年　筑波大学大学院 教授　定年退職

現　在　筑波大学名誉教授

［主な著書］

『奈良仏教と行基伝承の展開』（雄山閣出版，1991 年）

『奈良時代の僧侶と社会』（雄山閣出版，1999 年）

『天平期の僧侶と天皇』（岩田書院，2003 年）

『奈良仏教と在地社会』（共編・岩田書院，2004 年）

『行基伝承を歩く』（岩田書院，2005 年）

『奈良・南都仏教の伝統と革新』（共編・勉誠出版，2010 年）

『奈良仏教と密教』（高志書院，2011 年）

『天平期の僧と仏』（岩田書院，2015 年）

『奈良平安時代史論纂』（共編・岩田書院，2023 年）

行基と道鏡

2023 年 12 月 8 日第 1 刷発行

著　者　根本誠二

発行者　濱　久年

発行所　高志書院

〒 101-0051 東京都千代田区神田神保町 2-28-201
TEL03 (5275) 5591　FAX03 (5275) 5592
振替口座　00140-5-170436
http://www.koshi-s.jp

印刷・製本／亜細亜印刷株式会社

Printed in Japan ISBN978-4-86215-242-8